KAIZEN

Start Din Store Forandring

Den Japanske Filosofi, der Vil Lære dig at Forbedre dig og Gøre Fremskridt i Livet. Opnå Selvbevidsthed og Selvtillid for at Opnå din Succes

Mattew Nakagawa

Første udgave: Oktober 2022

Ophavsret © 2022 Mattew Nakagawa

Ret til administration

Alle rettigheder forbeholdes. Medmindre det kræves ved lov, er hel eller delvis reproduktion af dette værk eller dets inkorporering i et computersystem eller dets transmission i nogen form eller på nogen måde (elektronisk, mekanisk, fotokopi, optagelse eller på anden måde) ikke tilladt uden forudgående skriftlig tilladelse fra indehaverne af ophavsretten. Krænkelse af disse rettigheder medfører juridiske sanktioner og kan udgøre en forbrydelse mod intellektuel ejendomsret.

Begrænset ansvar - udelukkelse af ansvar

Bemærk, at indholdet af denne bog er baseret på personlig erfaring og forskellige informationskilder og kun er til personlig brug.

Bemærk, at oplysningerne i dette dokument kun er til uddannelses- og underholdningsformål og ikke er angivet eller underforstået af nogen garanti af nogen art.

Læsere anerkender, at forfatteren ikke er forpligtet til at yde medicinsk, kostmæssig, ernæringsmæssig eller professionel rådgivning eller fysisk træning.

Intet i denne bog er beregnet til at erstatte sund fornuft, lægekonsultation eller professionel rådgivning og er kun beregnet til at informere.

Du skal bruge oplysningerne i denne bog på egen risiko. Læseren er ansvarlig for deres egne handlinger.

Oplysningerne i denne bog erklæres sandfærdige og konsekvente i den forstand, at ethvert ansvar, hvad enten det drejer sig om opmærksomhed eller ej, for brug eller misbrug af de politikker, processer eller instruktioner, der er indeholdt deri, er modtagerens eneste og absolutte ansvar.

Ved at læse denne bog accepterer læseren, at forfatteren under ingen omstændigheder er ansvarlig for tab, direkte eller indirekte, som følge af brugen af oplysningerne heri, herunder, men ikke begrænset til, fejl, udeladelser eller unøjagtigheder.

RET TIL ADMINISTRATION ... 2

BEGRÆNSET ANSVAR - UDELUKKELSE AF ANSVAR ... 3

INDFØRELSEN ... 6

KAPITEL 1 ... 13

FORMÅL MED KAIZEN ... 13

KAPITEL 2 ... 22

FORDELE OG ULEMPER ... 22

KAPITEL 3 ... 35

KAIZEN, LEAN OG SIX SIGMA ... 35

KAPITEL 4 ... 42

FASERNE I CYKLUSSEN ... 42

KAPITEL 5 ... 47

PDCA, SDCA OG 5S ... 47

KAPITEL 6 ... 64

HVAD ER KAIZEN BEGIVENHEDER ... 64

KAPITEL 7 ... 71

KAIZEN TIL FITNESS ... 71

KAPITEL 8 ... 77

KAIZEN BLITZ ... 77

KAPITEL 9 ... 84

ANVEND KAIZEN I DIT LIV ... 84

KONKLUSION ... 89

Indførelsen

Kaizen er et japansk udtryk for betydelig forbedring eller konsekvent forbedring. Japansk forretningsargument bekymrer sig om cyklusser, der konstant udvikler opgaver og omfatter alle arbejdstagere. Kaizen betragter effektivitetsforbedring som en langsom og målrettet cyklus. Ideen om Kaizen indeholder mange tanker. Det omfatter at gøre arbejdspladsen mere produktiv og brugbar ved at skabe et gruppeklima, arbejde på almindelige strategier, sikre repræsentativt engagement og gøre nogle job alvorligt tilfredsstillende, mindre anstrengende og sikrere. Kaizen er en måde at håndtere konstante forbedringer på, da små positive og progressive ændringer kan indsamle store opdateringer. Almindeligvis afhænger det af samarbejde og ansvarlighed og løgne snarere end tilgange, der bruger revolutionære eller hierarkiske forskelle til at skabe forandring. Kaizen er fokuseret på skrå produktion og Toyota Way. Det blev oprettet i samlingsområdet for at nedbryde ørkener, gøre uden affald, hjælpe effektivitet, stimulere arbejdstagernes grund og ansvar og fremme udvikling. Som en komplet idé, der formidler bunkeforståelser, er den blevet omfavnet i adskillige initiativer, herunder medicinske tjenester. Det har tendens til at blive anvendt på ethvert forretningsområde og overraskende til det øverste niveau. Kaizen kan bruge forskellige metoder og værktøjer, for eksempel estimere flowplanlægning, der rapporterer, dissekerer og videreudvikler datastrømme eller materialer, der skal levere en artikel eller administration, og All out Quality Administration, som er en administrativ struktur, der tilmelder arbejdere på alle niveauer for at fokusere på kvalitetsopdateringer. På trods af teknikken ligger den frugtbare brug af Kaizen i en hierarkisk sammenhæng i at erhverve støtte til metoden i hele foreningen og startende fra administrerende direktør. Kaizen er en blanding af 2 japanske ord, der dechiffrerer "stor ændring" eller "forbedring". Ikke desto mindre er Kaizen kommet til at indebære "konstant forbedring" gennem sit forhold til lean teknik og standarder. Kaizen har sit udgangspunkt i japanske kvalitetscirkler efter Anden Verdenskrig. Disse cirkler eller sammenkomster af arbejdere fokuserede på at forhindre flugten til Toyota. De blev dyrket hovedsageligt i lyset af den amerikanske administration og effektivitetsspecialister, der besøgte landet, især W. Edwards Deming, der argumenterede for, at kvalitetskontrol skulle sættes endnu mere direkte i besiddelse af linjearbejdere. Kaizen blev bragt til Vesten og promoveret af Masaaki Imai gennem sin bog Kaizen: Vejen ind i Japans alvorlige resultat i 1986. I enhver virksomhed sætter ledere standarder, som repræsentanter skal følge for at spille koncerten. I Japan er det primære mål for ledere at holde op og videreudvikle standarder. Hvis du vil videreudvikle principperne, indebærer det, at du opstiller bedre forventninger, som du bemærker, følger med og derefter forsøger at forbedre. Dette er en konstant interaktion.

Hvis du ikke følger med standarden, vil den uden tvivl glide tilbage og give den virkningen "to skridt frem, et skridt tilbage." Varig forbedring opnås netop, når enkeltpersoner arbejder for bedre forventninger. Som følge heraf går vedligeholdelse og forbedring hånd i hånd for japanske beklædningsgenstande. Jo højere vejlederen tager højde for alt, desto mere skal han bekymre sig om fremskridt. En arbejdstager uden talent kan bruge dagen på blot at overholde grundlæggende retningslinjer. Efterhånden som han bliver bedre til sin specifikke beskæftigelse, overvejer han måder at forbedre eller gøre sit arbejde lettere. På denne måde sporer han måder at gøre sit arbejde mere produktivt og derved tilføje generelle forbedringer i organisationen. Værdien af fremskridt er indlysende. I erhvervslivet vil der til enhver tid foretages forbedringer, de vil kræve bedre kvalitet og langsigtet effektivitet. Forbedring er en cyklus. Cyklussen begynder med opfattelsen af et behov, og markedet bliver tydeligt, når et problem opfattes. Kaizen lægger vægt på bevidstheden om problemet og vil føre dig til den genkendelige test af problemerne. Hvordan Kaizen fungerer afhænger af troen på, at alt kan forbedres, og intet er tingenes tilstand. På samme måde er det baseret på en regel om respekt for enkeltpersoner. Kaizen inkluderer at skelne mellem unikke åbne og åbne dørproblemer, træffe arrangementer og flytte dem fremad - og efterfølgende dreje gennem løkken igen for utilstrækkeligt løste problemer og problemer. En syv-trins proces kan udføres for konstant forbedring og give en ordnet teknik til at udføre denne interaktion.

Ændringen er skræmmende. Denne menneskelige sandhed er uundgåelig, uanset om ændringen er irrelevant (besøger en anden klub) eller ændrer livet (at få et barn). Denne følelse af terror mod forandring er etableret i hjernens fysiologi, og når terror griber fat, kan det forhindre opfindsomhed, forandring og opfyldelse. Fra et transformativt synspunkt er sindet måske det sjældneste organ i menneskekroppen. Vores forskellige organer - hjertet, leveren, fordøjelseskanalen osv. - er vokset så godt, at de er forblevet pålidelige gennem aldre af menneskelige fremskridt. Men i løbet af de sidste fire eller 500.000.000 år er sindet gået i gang med at skabe og ændre sig. I dag har vi tre separate cerebrums, der har foregået på forskellige tidspunkter i et par hundrede millioner år. En af vores vanskeligheder er at skabe venskab mellem disse forskellige cerebrums for at holde sig væk fra fysisk nostalgi og tæt på hjemve. I bunden af hjernen er sindets stamme. Det er omkring 500.000.000 år gammelt og er kendt som reptilhjernen (og for at være sikker ser det ud til at være hele sindet hos en gator). Reptilsindet vækker dig i den første del af dagen, sender dig til hvile om aftenen og minder dit hjerte om at slå. Mellemhjernen sidder oven på sindets stamme, pattedyrs hjerne. Omkring tre hundrede millioner år er det det sind, han havde i en eller anden struktur fra alle varmblodede dyr. Mellemhjernen styrer kroppens indre temperatur, er vært for vores følelser og overvåger overlevelsesreaktionen, der holder os i live selv med risiko. Det tredje stykke af hjernen er cortex, som blev fremmet for længe siden. Cortex, der folder tilbage på resten af hjernen, er ansvarlig for vidunderet ved at være menneske. Udvikling, kvalitet, videnskab og musik bor der alle. Det er her, vores sunde overvejelser og innovative motivationer opstår. Når vi skal implementere en forbedring eller sparke gang i det kreative flow, vil vi gerne have adgang til barken. Denne tresidede plan er under alle omstændigheder ikke nødvendigvis en kapacitet let. Vores velovervejede cerebrums leder os til at tabe os - men på det tidspunkt spiser vi mange chips i et møde. Eller på den anden side forsøger vi at opfinde en opfindsom tone til et nyt projekt – og vores psyke bliver så klar som en ny cement. Når det er nødvendigt at ændre, opstår der imidlertid en blokering, det er ofte muligt at kritisere mellemhjernen for at ødelægge værkerne. Mellemhjernen er, hvor du finder en konstruktion kaldet amygdala (a-MIG-duh-duh). Amygdala er presserende for vores modstand. Det styrer overlevelsesreaktionen, en komponent af forsigtighed, som vi deler med alle resterende hvirveldyr. Det var meningen at advare dele af kroppen om aktivitet på trods af den overhængende risiko. En måde at opnå dette på er at huske eller afbryde forskellige evner såsom sund og fantasifuld ræsonnement, der kan hindre evnen til at løbe eller kæmpe. Den instinktive reaktion synes at være legitim. Hvis en løve oplader dig, behøver sindet ikke, at du sidder dovent forsigtigt og overvejer problemet. Sindet lukker ubetydelige evner, såsom assimilering, seksuel lyst og måder at tænke på, og sender kroppen direkte ind i den. Årtusinder før, da vi strejfede rundt i ørkenen og skove og savanner med forskellige varmblodede skabninger, viste dette system sig nyttigt, når folk satte sig i fare ved at vandre forbi de beskyttede og genkendelige. Da vi havde kroppe, der ikke skyndte sig, manglede mærket på styrken af de skabninger, der havde brug for at jage ham, og vi ikke havde nogen idé eller lugtede godt, var denne tøven presserende. Overlevelsesreaktion er stadig afgørende i dag, for eksempel hvis et køretøj på motorvejen kører den forkerte vej langs din rute, eller på den anden side på den fjerne mulighed for, at du vil bevæge dig væk fra et forbrugsanlæg. Det virkelige problem med amygdala og dens refleksreaktion i dag er, at den udløser advarsler, når vi skal tage afsted fra vores daglige ting og sikre tidsplaner. Sindet er planlagt, så hver ny prøvelse eller mulighed eller ønske frigør et vist niveau af terror. Uanset om testen er et nyt sted eller på den anden side møder et fornyet individ, gør amygdala dele af kroppen opmærksom på at forberede sig på aktivitet - og vores indtræden i cortex, hjernens ræsonnement, er begrænset og lejlighedsvis lukket. Husk min klient Julie, den person, der gik kort foran tv'et hver aften. Julie var bekymret for sit velbefindende - derfor henvendte hun sig alligevel til specialisten - men hendes gigantiske forpligtelser vækkede andre, mere subtile følelser af bæven, der fulgte hendes overvejelse. Hun var bange for at miste sit job, bekymret for sine børns velbefindende, bekymret for bestemt ikke at være en anstændig mor og, som hun senere indrømmede, bange for at frustrere sin læge, hvis hun ikke fulgte lægens anvisninger. Da en specialist fra fortiden havde opfordret hende til at øve udmattende et par gange om ugen, gav hendes frygt for at skuffe ham en chock-fuld scene til alle hendes forskellige bekymringer - hvilket efterlod hende så knust, at hun forsømte at øve sig fra enhver fantasi. Langt mere forfærdeligt, flov over at trodse specialistens retningslinjer, stoppede hun med at lede efter kliniske overvejelser igennem og igennem. Det var afhængigt af tv'et og mad af lav kvalitet til komfort. Du har måske stødt på denne ejendommelighed som ubehag ved testen. Jo mere meningsfuld du accepterer testen, jo mere red du resultatet, og jo mere ængstelse føler du. Og senere sporer du det svært at tænke. Et svar, du kunne have haft koldt natten før, ser ud til at være blevet fjernet fra din hukommelsesbank.

Kapitel 1

Formål med KAIZEN

Kaizen er en måde at tænke og mentalitet på: Den væsentlige standard og tro på denne cyklus er, at tilknytning til dens administration og opgaver er tilgængelige for at undersøge deres nuværende tilstand upartisk og er i stand til og klar til at forbedre staten senere. I erkendelse af, at den vigtigste konstante ting er forandring, har foreninger brugt Kaizen til at ændre sig. Kaizen påtager sig en væsentlig rolle i foreningen, da den giver udvidede muligheder under fjernelsen af dark belt. Spændingen på bæltet, der driver indsatsen fra Nonstop Interaction Upgrades, er moderat ved at ændre hjerter og psyke hos alle SMV'er og partnere for at erkende, at ændringen er stor. The Dark Belt har til opgave at skelne og vejlede Kaizen-projekter, der understreger opnåelsen af foreningens mål alt i alt og samtidig fokuserer på forretningsområdet (Hurl). Kaizen leder gruppen til at forstå foreningen som set i virksomheden, og hvor denne forening skal være. Denne mentalitet overvejer foreningens varer, mangler, åbne døre og farer.

Kaizen-domænet kommer i hjertet af at opnå produktivitet, hvilket er afgørende for velstanden i enhver forening. Denne måde at tænke på konstant forbedring (CI) deler foreningens mål om at øge fordelene og begrænse omkostningerne. Denne måde at tænke på og holdningen til god forandring (Kaizen) bør være mere indgroet end latensens kræfter. Den Kaizen er et japansk udtryk for betydelig forbedring eller konsekvent forbedring. Japansk forretningsargument bekymrer sig om cyklusser, der konstant udvikler opgaver og omfatter alle arbejdstagere. Kaizen betragter effektivitetsforbedring som en langsom og målrettet cyklus. Ideen om Kaizen indeholder mange tanker. Det omfatter at gøre arbejdspladsen mere produktiv og brugbar ved at skabe et gruppeklima, arbejde på almindelige strategier, sikre repræsentativt engagement og gøre nogle job alvorligt tilfredsstillende, mindre anstrengende og sikrere. Kaizen er en måde at håndtere konstante forbedringer på, da små positive og progressive ændringer kan indsamle store opdateringer. Almindeligvis afhænger det af samarbejde og ansvarlighed og løgne snarere end tilgange, der bruger revolutionære eller hierarkiske forskelle til at skabe forandring. Kaizen er fokuseret på skrå produktion og Toyota Way. Det blev oprettet i samlingsområdet for at nedbryde ørkener, gøre uden affald, hjælpe effektivitet, stimulere arbejdstagernes grund og ansvar og fremme udvikling. Som en komplet idé, der formidler bunkeforståelser, er den blevet omfavnet i adskillige initiativer, herunder medicinske tjenester. Det har tendens til at blive anvendt på ethvert forretningsområde og overraskende til det øverste niveau. Kaizen kan bruge forskellige metoder og værktøjer, for eksempel estimere flowplanlægning, der rapporterer, dissekerer og videreudvikler datastrømme eller materialer, der skal levere en artikel eller administration, og All out Quality Administration, som er en administrativ struktur, der tilmelder arbejdere på alle niveauer for at fokusere på kvalitetsopdateringer. På trods af teknikken ligger den frugtbare brug af Kaizen i en hierarkisk sammenhæng i at erhverve støtte til metoden i hele foreningen og startende fra administrerende direktør. Kaizen er en blanding af 2 japanske ord, der dechiffrerer "stor ændring" eller "forbedring". Ikke desto mindre er Kaizen kommet til at indebære "konstant forbedring" gennem sit forhold til lean teknik og standarder. Kaizen har sit udgangspunkt i japanske kvalitetscirkler efter Anden Verdenskrig. Disse cirkler eller sammenkomster af arbejdere fokuserede på at forhindre flugten til Toyota. De blev dyrket hovedsageligt i lyset af den amerikanske administration og effektivitetsspecialister, der besøgte landet, især W. Edwards Deming, der argumenterede for, at kvalitetskontrol skulle sættes endnu mere direkte i besiddelse af linjearbejdere. Kaizen blev bragt til Vesten og promoveret af Masaaki Imai gennem sin bog Kaizen: Vejen ind i Japans alvorlige resultat i 1986. I enhver virksomhed sætter ledere standarder, som repræsentanter skal følge for at spille koncerten. I Japan er det primære mål for ledere at holde op og videreudvikle standarder. Hvis du vil videreudvikle principperne, indebærer det, at du opstiller bedre forventninger, som du bemærker, følger med og derefter forsøger at forbedre. Dette er en konstant interaktion.

Hvis du ikke følger med standarden, vil den uden tvivl glide tilbage og give den virkningen "to skridt frem, et skridt tilbage." Varig forbedring opnås netop, når enkeltpersoner arbejder for bedre forventninger. Som følge heraf går vedligeholdelse og forbedring hånd i hånd for japanske beklædningsgenstande. Jo højere vejlederen tager højde for alt, desto mere skal han bekymre sig om fremskridt. En arbejdstager uden talent kan bruge dagen på blot at overholde grundlæggende retningslinjer. Efterhånden som han bliver bedre til sin specifikke beskæftigelse, overvejer han måder at forbedre eller gøre sit arbejde lettere. På denne måde sporer han måder at gøre sit arbejde mere produktivt og derved tilføje generelle forbedringer i organisationen. Værdien af fremskridt er indlysende. I erhvervslivet vil der til enhver tid foretages forbedringer, de vil kræve bedre kvalitet og langsigtet effektivitet. Forbedring er en cyklus. Cyklussen begynder med opfattelsen af et behov, og markedet bliver tydeligt, når et problem opfattes. Kaizen lægger vægt på bevidstheden om problemet og vil føre dig til den genkendelige test af problemerne. Hvordan Kaizen fungerer afhænger af troen på, at alt kan forbedres, og intet er tingenes tilstand. På samme måde er det baseret på en regel om respekt for enkeltpersoner. Kaizen inkluderer at skelne mellem unikke åbne og åbne dørproblemer, træffe arrangementer og flytte dem fremad - og efterfølgende dreje gennem løkken igen for utilstrækkeligt løste problemer og problemer. En syvtrins proces kan udføres for konstant forbedring og give en ordnet teknik til at udføre denne interaktion.

Ændringen er skræmmende. Denne menneskelige sandhed er uundgåelig, uanset om ændringen er irrelevant (besøger en anden klub) eller ændrer livet (at få et barn). Denne følelse af terror mod forandring er etableret i hjernens fysiologi, og når terror griber fat, kan det forhindre opfindsomhed, forandring og opfyldelse. Fra et transformativt synspunkt er sindet måske det sjældneste organ i menneskekroppen. Vores forskellige organer - hjertet, leveren, fordøjelseskanalen osv. - er vokset så godt, at de er forblevet pålidelige gennem aldre af menneskelige fremskridt. Men i løbet af de sidste fire eller 500.000.000 år er sindet gået i gang med at skabe og ændre sig. I dag har vi tre separate cerebrums, der har foregået på forskellige tidspunkter i et par hundrede millioner år. En af vores vanskeligheder er at skabe venskab mellem disse forskellige cerebrums for at holde sig væk fra fysisk nostalgi og tæt på hjemve. I bunden af hjernen er sindets stamme. Det er omkring 500.000.000 år gammelt og er kendt som reptilhjernen (og for at være sikker ser det ud til at være hele sindet hos en gator). Reptilsindet vækker dig i den første del af dagen, sender dig til hvile om aftenen og minder dit hjerte om at slå. Mellemhjernen sidder oven på sindets stamme, pattedyrs hjerne. Omkring tre hundrede millioner år er det det sind, han havde i en eller anden struktur fra alle varmblodede dyr. Mellemhjernen styrer kroppens indre temperatur, er vært for vores følelser og overvåger overlevelsesreaktionen, der holder os i live selv med risiko. Det tredje stykke af hjernen er cortex, som blev fremmet for længe siden. Cortex, der folder tilbage på resten af hjernen, er ansvarlig for vidunderet ved at være menneske. Udvikling, kvalitet, videnskab og musik bor der alle. Det er her, vores sunde overvejelser og innovative motivationer opstår. Når vi skal implementere en forbedring eller sparke gang i det kreative flow, vil vi gerne have adgang til barken. Denne tresidede plan gør det ikke

nødvendigvis, under alle omstændigheder, en kapacitet let. Vores velovervejede cerebrums leder os til at tabe os - men på det tidspunkt spiser vi mange chips i et møde. Eller på den anden side forsøger vi at opfinde en opfindsom tone til et nyt projekt – og vores psyke bliver så klar som en ny cement. Når det er nødvendigt at ændre, opstår der imidlertid en blokering, det er ofte muligt at kritisere mellemhjernen for at ødelægge værkerne. Mellemhjernen er, hvor du finder en konstruktion kaldet amygdala (a-MIG-duh-duh). Amygdala er presserende for vores modstand. Det styrer overlevelsesreaktionen, en komponent af forsigtighed, som vi deler med alle resterende hvirveldyr. Det var meningen at advare dele af kroppen om aktivitet på trods af den overhængende risiko. En måde at opnå dette på er at huske eller afbryde forskellige evner såsom sund og fantasifuld ræsonnement, der kan hindre evnen til at løbe eller kæmpe. Den instinktive reaktion synes at være legitim. Hvis en løve oplader dig, behøver sindet ikke, at du sidder dovent forsigtigt og overvejer problemet. Sindet lukker ubetydelige evner, såsom assimilering, seksuel lyst og måder at tænke på, og sender kroppen direkte ind i den. Årtusinder før, da vi strejfede rundt i ørkenen og skove og savanner med forskellige varmblodede skabninger, viste dette system sig nyttigt, når folk satte sig i fare ved at vandre forbi de beskyttede og genkendelige. Da vi havde kroppe, der ikke skyndte sig, manglede mærket på styrken af de skabninger, der havde brug for at jage ham, og vi ikke havde nogen idé eller lugtede godt, var denne tøven presserende. Overlevelsesreaktion er stadig afgørende i dag, for eksempel hvis et køretøj på motorvejen kører den forkerte vej langs din rute, eller på den anden side på den fjerne mulighed for, at du vil bevæge dig væk fra et forbrugsanlæg. Det virkelige problem med amygdala og dens refleksreaktion i dag er, at den udløser advarsler, når vi skal tage afsted fra vores daglige ting og sikre tidsplaner. Sindet er planlagt, så hver ny prøvelse eller mulighed eller ønske frigør et vist niveau af terror. Uanset om testen er et nyt sted eller på den anden side møder et fornyet individ, gør amygdala dele af kroppen opmærksom på at forberede sig på aktivitet - og vores indtræden i cortex, hjernens ræsonnement, er begrænset og lejlighedsvis lukket. Husk min klient Julie, den person, der gik kort foran tv'et hver aften. Julie var bekymret for sit velbefindende - derfor henvendte hun sig alligevel til specialisten - men hendes gigantiske forpligtelser vækkede andre, mere subtile følelser af bæven, der fulgte hendes overvejelse. Hun var bange for at miste sit job, bekymret for sine børns velbefindende, bekymret for bestemt ikke at være en anstændig mor og, som hun senere indrømmede, bange for at frustrere sin læge, hvis hun ikke fulgte lægens anvisninger. Da en specialist fra fortiden havde opfordret hende til at øve udmattende et par gange om ugen, gav hendes frygt for at skuffe ham en chock-fuld scene til alle hendes forskellige bekymringer - hvilket efterlod hende så knust, at hun forsømte at øve sig fra enhver fantasi. Langt mere forfærdeligt, flov over at trodse specialistens retningslinjer, stoppede hun med at lede efter kliniske overvejelser igennem og igennem. Det var afhængigt af tv'et og mad af lav kvalitet til komfort. Du har måske stødt på denne ejendommelighed som ubehag ved testen. Jo mere meningsfuld du accepterer testen, jo mere red du resultatet, og jo mere ængstelse føler du. Og senere sporer du det svært at tænke. Et svar, du kunne have haft koldt natten før, ser ud til at være blevet fjernet fra din hukommelsesbank.

Hovedstykket i Kaizen-lejligheden er vægten på kunden. Dette endte med at lede efter og anerkende de grundlæggende kvalitetsbehov (CTM) og den centrale forretningsproces, der styrker disse CTM'er. Kaizen bør skelne mellem "Y'erne": de ideelle resultater med en ufleksibel spotlight på den passende linse i kvantificerbare termer. Et andet træk ved Kaizen er, at mange værktøjer afhænger af brugen af information og de mange forskellige enhedsreducerende enheder, herunder Insights, Factual Interaction Control (SPC), Venture The Board, Help og Group The Executives for at opnå fremskridtsresultater. Dette arrangement af hurtigt skiftende apparater forekommer i det væsentlige ved to tegn på livscyklussen for forandringsinteraktionen: først efter prioriteringen af opgaven og efter målefasen. (Se A- og B-visualisering). Kaizen viser sin værdi efter Karakteriseringsfasen og i DMAIC efter afslutning af Handlingsfasen. Kaizen er også blevet kaldt Motion, da det typisk foregår i en organiseret 3-5 dages arbejde med møde med velinformerede myndigheder (SMV'er) og partnere. Det kaldes også Barrage på grund af dets temperament til at anerkende hurtige gevinster anerkendt inden for 5-10 dage snarere end processen med karakterisering, måling, undersøgelse, forbedring og kontrol (DMAIC), som kan tage op til 120 dage.

Kapitel 2

Fordele og ulemper

Fordele

Kontorer, der bruger Kaizen-strategien, er konstant på udkig efter måder at arbejde på deres kontor. På trods af dette er det ikke blot et spørgsmål om at lede efter åbne døre til udvikling. I stedet er det en hel metode til at skelne mellem de døre, der er åbne for forbedring, og tjene på dem konsekvent. Denne metode har vist sig at hjælpe organisationer med at forbedre sig afgørende. Forudsat at du overvejer at lave Kaizen-filosofier, er du uden tvivl interesseret i, hvad Kaizen-fordelene kan være. De næste er sandsynligvis de største fordele, du vil se involveret i Kaizen på dit kontor.

Forbedret produktivitet

En af de mest betydningsfulde Kaizen-fordele vil være effektiviteten af dit kontor. Hvis det gøres korrekt, vil du genkende de regioner, hvor der er affald på dit kontor og efterfølgende se efter måder at løse det på. Bortskaffelse af affald vil videreudvikle effektiviteten. Mens Kaizen normalt ikke skaber følelsesmæssige opdateringer, arbejder det for øjeblikket med klimaet, der tager højde for løbende forbedringer.

I det lange løb vil du bemærke, at dit kontor fungerer mere rentabelt end på noget andet tidspunkt. En af de væsentligste fordele ved Kaizen er, at selv efter måneder eller lange perioder med videreudviklet effektivitet vil du under alle omstændigheder søge og finde bedre tilgange til at videreudvikle sig betydeligt.

Sikrere struktur

Mens de søger efter potentielle åbne døre til udvikling, finder mange kontorer bekymringer for trivsel. Faktisk kan selv kontorer, der fra nu af ser sikkerhed strengt, ofte spore måder at forbedre ved hjælp af Kaizen-teknikker. Enhver risiko, der skelnes og udleveres eller mindskes, vil medføre et sikrere kontor. Den videre udvikling af sikkerhed vil også skabe effektivitet, så du straks kan opfatte, hvordan Kaizen arbejder på mange dele af kontoret.

Forbedre kvaliteten

Du kan spore den måde, du arbejder på, på dit kontors natur. Dette kan forbedre den overordnede karakter af de objekter, du fremstiller, eller hjertet af de maskiner, du bruger. At finde åbne døre til kvalitetsforbedring er et kendetegn ved Kaizen-metoder og kan hjælpe dit kontor eftertrykkeligt.

Nedskæring

Ud over at arbejde på arten af de fremstillede genstande og kontoret kan Kaizen som regel hjælpe med at reducere udgifterne. Affald har en ekstremt høj pris for kontoret, så ethvert sted, hvor det har tendens til at blive dræbt, vil hjælpe med at reducere udgifterne. Uanset om det er en kompliceret udgift, reservefonde eller delikat, vil kontorerne hjælpe gennem en langvarig reduktion i omkostningerne. Når du kører et Kaizen-system, er det klogt at oprette en metode til, hvordan udgifter evalueres og estimeres. Dette ville gøre det lettere at få en solid styring af, hvor mange penge der spares, takket være de ændringer, der er foretaget af Kaizen-teknikken.

Forbedret kommunikation

Kontorer, der bruger Kaizen, bemærker, at de kan formidle bedre i hele organisationen. Repræsentanter føler sig i stand til at tale med ledere. Ledere vil kommunikere med arbejdere for at opnå forandring. For at afsløre det tydeligt kan en brugbar Kaizen-metode hjælpe med et overbevisende overlegen match.

Talrige kontorer har set, at selvom forbedret korrespondance ikke var en af de fordele, kaizen de forventede, er det en af de mest betydningsfulde. Korrespondance er afgørende for et kontor. Mens du bruger Kaizen-metoder, vil du opdage, at det fungerer naturligt i det lange løb, da rammen forsøges og betragtes som nyttig.

Medarbejdernes moral

Dette er en region, som mange mennesker ignorerer, mens de overvejer Kaizen-fordelene. Sandheden er, at da Kaizen omfatter repræsentanter på alle niveauer, vil der blive lagt betydeligt flere ressourcer i dens velstand. Når arbejdere ser, at deres tanker og ideer ses alvorligt og videreføres på kontoret, kan deres ånd stige fundamentalt.

Repræsentanter, der er mere glade på arbejdspladsen, vil skabe mere, blive længere i organisationen og generelt byde organisationen velkommen. At holde repræsentanter engageret i forbedringer og kontorledelse er en utrolig måde at holde dem muntre på, men også at opfordre dem til at hjælpe med at genkende forbedringen og de værdifulde åbne døre ikke for langt væk.

Øget kundetilfredshed

På trods af at repræsentanter er mere glade for at arbejde på kontoret, vil du bemærke, at dine kunder er mere positive med din administration. Som du kan forestille dig, vil kunderne være begejstrede, når du kan arbejde på dine varer, reducere omkostningerne og overføre dem hurtigere. Kaizen er den filosofi, der kan følge disse ting, da det ikke blot betyder at fokusere på en region.

Kaizen-procedurer kan bruges tæt på andre kontorsystemer som Lean, Six Sigma og andre. Dette giver dig mulighed for at drage fordel af hver procedure og bruge den vedvarende for at sikre, at dit kontor er i konstant bevægelse. Uanset om dit kontor kæmper, eller du virkelig er tilfreds med udstillingen, vil kaizen-udfoldelsen give dig mulighed for at foretage øjeblikkelige og langsigtede forbedringer i det, der er i vente.

Kaizen Fordele

Værdige mål

Kaizen som en teknik til udvikling er simpelthen ikke nyttig for virksomheden. Det er også gavnligt for repræsentanter, kunder og foreningen generelt. Denne antagelse om administration er væsentlig for de fleste typer organisationer. Kaizen opfatter og aflønner repræsentanternes indsats. På den måde giver det dem en følelse af værdi i foreningen.

Forbedret teamwork

En af de væsentlige fordele ved kaizen er det videreudviklede samarbejde. Kaizen er et samarbejdsdrevet kvalitetsforbedringsværktøj. Det hjælper ikke bare at vælge ikke mange, men alligevel har alle engageret sig i forretningsinteraktion. Mens kaizen-gruppen håndterer problemerne sammen, fremmer de et bånd og fabrikerer samarbejde. Derefter kan repræsentanter arbejde med et nyt synspunkt, en psyke uden fordomme og uden fordomme.

Derudover hjælper samarbejde med at arbejde for at overvinde fælles praktiske bestræbelser. Da specialister med forskellige kontorer udfører Kaizen, kan kolleger finpudse deres færdigheder. Oftest er de mest betydningsfulde åbne døre til udvikling placeret, hvor en cyklus strømmer ind i en anden. Koordinerede interutilistiske indsatser gør det muligt for arbejdere med forskellige møder at vinde ved hinanden og møde problemer sammen. Denne fordel er, at det videreudvikler samarbejde og deltagelse blandt repræsentanter.

Kaizen opbygger lederevner.

Hver kaizen-gruppe skal have en gruppeleder. Lederen af gruppen er ansvarlig for at oprette kaizen-gruppen og planlægge udførelsen. Kaizen-gruppens pioner sikrer, at alle gør deres arbejde effektivt. Gruppelederen er også ansvarlig for at få hjælp, når der er behov for forskellige ressourcer. Han behøver ikke at være i et administrativt job for at kvalificere sig som gruppeleder. Efterfølgende er en anden kaizen fordel, at det giver mulighed for repræsentanter at påtage sig myndighedsposter.

Forbedret effektivitet

En væsentlig kaizen fordel er den videreudviklede ekspertise. Kaizen-forbedringer understøtter administrationernes natur. Det hjælper organisationer med at udføre nye interaktionsopdateringer, hjælper effektiviteten og forbedrer oppetiden produktivt. For eksempel bruger Toyota Assembling Organization Kaizen i sin oprettelsescyklus. For det første sender de muskelhukommelse, der forbereder deres repræsentanter på den mest dygtige metode til at afhente et køretøj. Forberedelsen af muskelhukommelse hjælper dem med at opnå nøjagtige resultater. Derfor kan deres repræsentanter arbejde nøjagtigt. På samme måde, hurtigt en bilfabrik når sit højdepunkt med hensyn til effektivitet, eliminerer organisationen et par arbejdere fra den fabrik. På denne måde kan Toyota Assembling begrænse fejl og forstærke effektiviteten.

Forbedret standard arbejdsdokument

Vi foretager ændringer i løbet af året i et bedre standardsamarbejde end nogensinde før. Standard Work Record, også kaldet normaliseret arbejde, er en enhed, der rammer grundlaget for kaizen-opdateringer. Den indeholder det bedste igangværende arbejde med ledelsen af en virksomhed. Nogle gange er dette hovedpunktet i kaizen-realisering. Derudover er

Standard Work Archive udarbejdet som grundlag for fremtidige forbedringer. På samme måde fylder det op som en enhed til at estimere repræsentativ udførelse og lære nye arbejdere om forbedringer. Dybest set hjælper kaizen organisationer med at fremme en standard ordpost.

Forbedre medarbejdertilfredsheden

En anden kaizen fordel er, at den videreudvikler repræsentativ opfyldelse. Kaizen inkluderer arbejdere, når de udfører ændringer til forbedringer. Arbejdere kan komme med fantasifulde ideer og bidrag til skift gennem en ramme af ideer såsom gruppemøder. Det punkt, hvor repræsentanterne er engageret i en uafhængig retning, giver dem følelsen af at have et sted og en værdi. De er ivrige efter at foretage ændringer og overveje bedre tilgange til at arbejde på cyklusser. På denne måde inspireres repræsentanter og effektive trin. På samme måde er arbejdstagerne bedre i stand til at tage ansvar for opdateringer. I stedet for at gå tilbage til de gamle strategier bliver de fortalere for værdiforbedringer.

Bedre sikkerhed

Videreudvikling af sikkerheden på bordpladen er en fordel for en virksomhed. Sikkerheden forbedres, når organisationer udfører tanker, der rydder op og løser arbejdsområder. På denne måde har repræsentanter bedre kontrol over udstyret til forretningsprocesser. Repræsentanter opfordres også til at formulere ideer til videreudvikling af sikkerheden i arbejdsplanen. Dette hjælper med at begrænse ulykker og andre relaterede skader. Således bliver arbejdstagerne mere kompetente og håndterer deres tid korrekt. Under alle omstændigheder er sikkerhed også en forpligtelse for rådet.

Reduktion af affald

Kaizen falder i forretningsprocesser. Dette er en anden væsentlig kaizen fordel. Kaizen er alles forpligtelse. På denne måde er ledere og medarbejdere ansvarlige for at anerkende regioner, der inkluderer affald i den økonomiske cyklus. Ved at foretage konsekvente ændringer kan de beslutte sig for den vigtigste drivkraft for affald og rette dem. På denne måde udryddes affald fra forretningsinteraktion, og omkostningerne reduceres. Derudover bruges ressourcerne endnu mere fornuftigt, og virksomheden viser sig at være mere produktiv.

Strategien for vedvarende forbedringer anvendt i kaizen hjælper organisationer med at opnå ekstraordinære triumfer. Ingen forretning bliver for øjeblikket. Det kræver meget tolerance og krævende arbejde. Dette omfatter også opfattelsen af områder med opdateringer og gennemførelsen af væsentlige forbedringer.

Kaizen ulemper

Svært at implementere i eksisterende systemer

På trods af de mange fordele ved Kaizen er der nogle begrænsninger, som forretningsledere bør vide, før de vælger at køre det. Det skyldes, at det svarer til at ændre de nuværende administrative rammer. At gå tilbage til de gamle administrative kadrer er utroligt udfordrende, når Kaizen udføres i en forening. Som følge heraf kan Kaizen være enklere i organisationer uden aktuelt etablerede administrative rammer.

Det er dog et udfordrende gebyr at ændre hele den administrative ordning i en virksomhed. Derefter bør organisationer opretholde en åben korrespondancehandling for at Kaizen kan være effektiv. Arbejdstagerne bør have mulighed for at udtrykke deres perspektiver uden frygt. Dette er dog normalt ikke situationen for nogle organisationer. Arbejdstagere frygter normalt, at hvis de antages, at de er tilgængelige for ledere, vil det koste dem forskellige muligheder for avancement eller fordele.

Forandring er svært

En af de mest kritiske kaizen ulemper er, at enkeltpersoner konstant er tilbageholdende med at ændre sig. På denne måde, når organisationer skal køre Kaizen, skal de tolerere en bestemt hindring. Repræsentanter vil sandsynligvis ikke være klar til at genkende et alternativt billede fra det, de har været vant til. På den anden side kan bestyrelsen være tilbageholdende med at lave Kaizen i lyset af, at de mener, det er dyrt.

Kan forårsage friktion

Desuden kan det under realiseringen af Kaizen unægtelig være vanskeligt for specifikke foreninger at ændre deres kontinuerlige måde at nærme sig arbejdet på. Derfor, hvis et firma ikke er klar til forandring, mens det kører Kaizen, kan det kræve en kontakt.

Uddannelseskrav

En anden kaizen hindring er teknikken til forberedelse. Kaizen-proceduren kræver forberedelse af personale og ledere til at forstå og antage kaizen ræsonnement. Dette kan kræve en justering af det typiske arbejdsforløb. Repræsentanter kan være nødt til at tage en pause fra arbejdet for at forberede sig. På samme måde kan nye arbejdstagere blive nødt til at gennemgå Kaizen-forberedelse på trods af deres regelmæssige praksis. Som et resultat tror de måske, at det er trukket ud og påkrævet. Desto mere kan den tid, der fordeles til forberedelse, derfor ikke være tilstrækkelig til, at repræsentanter forstår hele kaizens idé. I en sådan egenskab kan repræsentanter ikke udtrykke en mening om, at de ikke har den svageste ide.

Entusiasmen kunne hurtigt aftage.

Repræsentanter kan stimuleres i første omgang til at foretage ændringer. Ikke desto mindre kan deres energi erodere, når progressioner bliver vanskelige at regulere. I en sådan egenskab kan de være afhængige af gammel praksis og holde sig til den "samme gamle ting". Derudover kan repræsentanter være handicappede og apatiske om arbejde. Efterfølgende spildes den tid og de ressourcer, der bruges på at køre Kaizen, og motivationen bag kaizens udførelse knuses.

Et par rådne æg kan ødelægge hele partiet

Uanset om nogle divisioner overholder de fremskridt, der er foretaget, kan det under alle omstændigheder påvirke den samlede udførelse af virksomheden. Fakta bekræfter, at Kaizen vil videreudvikle de kontorer, der anerkender ændringerne. Gradvist vil det tilgængelige resultat blive kompromitteret, hvis de forskellige divisioner ikke også omfavner progressionerne.

For det meste er konstant forbedring en utrolig måde for en virksomhed at arbejde på. Under alle omstændigheder er det dyrt og udfordrende at forberede arbejdstagerne på at tilpasse sig løbende forbedringer. På samme måde, når organisationer udfører løbende opdateringer, kan de risikere at ændre dele af deres cyklusser, der fungerer godt.

Kapitel 3

Kaizen, Lean og Six Sigma

Seks Sigma

Six Sigma er en teknik, der gør det muligt for foreninger at arbejde på kapaciteten i deres forretningsprocesser. Denne udvidelse i udførelsen og nedgangen i de mange forskellige processer hjælper med at give afkald på faldet og forbedringen af fordele, arbejdstagernes ånd og arten af artikler eller administrationer. Det filosofiske perspektiv i Six Sigma ser alt arbejde som cyklusser, der kan skildres, evalueres, dissekeres, forbedres og kontrolleres. Processer kræver input (x) og producerer afkast (y). Forudsat at du ejer informationskilderne, vil du administrere resultaterne.

Six Sigma-mesteren bruger subjektive og figurative teknikker eller enheder til at guide procesforbedring. Sådanne anordninger omfatter faktuel interaktionskontrol (SPC), kontrolkonturer, skuffelsestilstand og konsekvensanalyse (FMEA) og procesplanlægning. Seks Sigma-eksperter er ikke enige om, præcis hvilke apparater der udgør sættet.

Dette perspektiv på Six Sigma opfatter den grundlæggende og omfattende DMAIC-tilgang. DMAIC karakteriserer de midler, som en Six Sigma-ekspert skal følge, begyndende med sondringen af problemet og slutter med udførelsen af varige aftaler. Mens DMAIC ikke er den vigtigste Six Sigma-procedure, er den den mest generelt omfavnede og opfattede.

Six Sigma er baseret på at reducere sortimentet af cyklusser og videreudvikle forbindelseskontrol, men lean eliminerer affald (tilføjede cyklusser og teknikker, der ikke overvejes) og fremmer standardisering og arbejdsgang. Kvalifikationen mellem Six Sigma og lean er blevet skjult, med udtrykket "lean Six Sigma" i stigende grad brugt, fordi forbedring af cyklussen kræver dele af de to forskellige måder at opnå positive resultater på.

Lean Six Sigma er en måde at tænke på baseret på virkeligheden og baseret på information om fremskridt, der værdsætter modvirkning af deformitet med hensyn til identifikation af ufuldkommenhed. . Skab køberloyalitet og vigtige bekymringsresultater ved at reducere sortiment, spild og interaktionsudtryk, samtidig med at brugen af standardisering og arbejdsgang skubbes, hvilket efterfølgende gør høj grund. Det gælder for ethvert sted, hvor der findes sorter og affald, og alle repræsentanter bør inddrages.

Lean og Six Sigma giver kunderne kvalitet, omkostninger, transport og en friskere ejendom, dygtighed. Der er meget cross-over i to discipliner; På trods af dette nærmer de to sig deres juridiske begrundelse fra helt forskellige punkter:

• Spotlight på faldet i affald, mens Six Sigma understreger faldet i variation.

• Lean opnår sine mål ved at bruge mindre specialiserede værktøjer, såsom Kaizen, arbejdsmiljøforening og visuelle kontroller. I modsætning hertil vil Six Sigma generelt bruge målbar informationsundersøgelse, testplan og spekulationstest.

Ofte frugtbare udførelser begynder med lean-metodologi, hvilket gør arbejdsmiljøet så produktivt og overbevisende, som man kunne forvente, reducerer spild og bruger estimeringsflowguider til at arbejde med forståelse og produktivitet. I den fjerne mulighed for, at cyklusproblemer forbliver, kan mere specialiserede Six Sigma målbare instrumenter anvendes.

Med denne metode bliver nogle arbejdere (specialister) lejlighedsvis hjulpet af faktuelle enheder og skal anvende et værktøj til arbejdet, når det er nødvendigt. Specialister kan derefter anbefale en analytiker, hvis de har brug for hjælp. Sejre inden for en forening kunne ske; Under alle omstændigheder udvider disse triumfer ikke hinanden for at understøtte en ekstra og bedre brug af apparatet og strategien.

Når foreninger udfører Six Sigma som et program eller en enhed, skabes det ofte indtryk, at de i en ustruktureret stil har tilføjet mange nye enheder til deres instrumentrum gennem uddannelsesforløb. En udvidelse af denne tilgang er at anvende enheder afhængigt af situationen til nedrykkede projekter. Det er afgørende at bemærke, at beslutsomhed, ledere og udførelse af virksomheder normalt ikke er grundlæggende dele af foreningen. At køre et Six Sigma-program eller -drev kan medføre særlige vanskeligheder. Da disse opgaver ofte udføres på et lavt niveau inden for foreningen, er de muligvis ikke blevet købt af den højere administration, hvilket fremkalder modstanden fra flere samlinger, der er påvirket af skubbet. Derudover har ingen regelmæssigt lov til at støtte projekter ud over hierarkiske grænser og arbejde med forandring.

Et Six Sigma-program eller en enhed skaber typisk ikke en ramme, der rejser fordele af primær bekymring gennem projekter relateret til foreningens mål. Det kan ikke nå den betydelige indledende investering for at høste et stort overskud fra forberedelsesinteressen.

For ægte fremskridt er hjælp på lederniveau og køb af bestyrelsen afgørende. Dette kan hjælpe dig med at bruge rigtige værktøjer og andre Six Sigma-systemer gennem autoritative begrænsninger.

KAIZEN

Kaizen betyder "ubarmhjertig forbedring" og er en koordineret brug af sund fornuft for at spare penge på dagligvarer, øge kvaliteten, forkorte taletiden og øge forbrugernes loyalitet. Kaizen er en kultur og ikke meget af en spilplan eller model. Der er uden tvivl måder at dyrke en Kaizen-kultur på, såsom Kaizen og Kaizen gemba lejligheder. Procesforbedring med Lean Six Sigma bidrager til en Kaizen-kultur.

GEMBA KAIZEN

Gemba Kaizen betyder "den konstante forbedring af arbejdsmiljøet". Arbejdere styrer varer og administrationer for kunder. Væsentlig i denne samtale er udførelsen af forbedringer af arbejdsplanen og anerkendelsen af funktionelle problemer. Denne administrationsform kaldes "Kaizen, Rådet Problemer med arbejdsplanen er ikke problemer med administration, og på denne måde kan aftalen ikke komme fra rådet. Chefer kan sandsynligvis løse disse funktionelle (leder) problemer alene. De tilbringer hele dagen på bordpladen og har mest information. Det vestlige udtryk for en Kaizen, The Table, er Funktionel Storhed. Dette perspektiv vedrører også den konstante forbedring af den funktionelle situation, hvor ledere og chefer spiller deres roller og forpligtelser.

KAIZEN-MANAGEREN

Kaizen-direktøren investerer energi i Gemba (arbejdsmiljø) og ser, hvad der sker. Repræsentanter noterer og undersøger også disse opfattelser sammen. Kaizen-chefen er ansvarlig for initieringen af 5S-enhederne og standardarbejdsmetoden. Personen giver repræsentanterne tilstrækkelig tid til at udføre forbedringer af arbejdsmiljøet. Instruktør Kaizen har i mellemtiden et instruktørjob. Hvis noget går galt i den daglige bevægelse, går vejleder Kaizen ud af sin måde for krisen og taler om problemet med fremtrædende ledere.

Kaizen-chefen undersøger foreningens strategi med repræsentanterne, etablerer en helt sikker arbejdsplads og sørger for at fjerne eventuelle hindringer, som arbejdstagerne støder på at arbejde på deres Gemba. Repræsentanter, der har fundet ud af, hvordan man arbejder med sig selv vedvarende og Gemba, er afgørende for foreningen. Med disse oplysninger og erfaringer kan de placeres i forskellige regioner.

KAIZEN, VEDRØRENDE LEAN SIX SIGMA

Kaizen og Lean Six Sigma er de to teknikker til at øge forbrugerloyaliteten, anerkende den varige forbedring af organisationens resultater og udvikle sig yderligere på måder, der konstant er nyttige. I begge tilfælde handler det om faldet i affald og variation. Kaizen går betydeligt længere med hensyn til opmærksomhed på administration og arbejdstagere. Lean Six Sigma er igen mere centreret om de økonomiske konsekvenser af foreningen. Kaizen fungerer bedst, forudsat at hele foreningen samarbejder. En særlig del af foreningen kan supplere Lean Six Sigma-initiativer.

KAIZEN håber at arbejde på alle dele af en virksomhed gennem normalisering af processer, udvidelse af effektivitet og eliminering af affald til at omfatte alle, mens Six Sigma fokuserer mere på at arbejde på resultatets art ved at finde og opgive årsagerne til ørkener, enten ved udsving (Sigma er et numerisk udtryk, der virker afvigelsen af en cyklus fra upåklagelighed) i forretningsinteraktion eller samling og i resten center omkring slut med affald i efterspørgsel for yderligere at udvikle processens hastighed og kvalitet gennem reduktion af cyklusaffald

Den centrale sandhed er imidlertid, at den ene ikke er bedre end den næste - du vil, du kan drage fordel af at bruge, og du skal bruge alt. Den største bekymring er ikke at brænde en masse tid og penge på at forsøge at sætte perspektiver og arbejde på dem, da disse ideer / værktøjer er bundet til at afsætte tid og penge. Et endeligt mål vil være funktionel storhed for corporate greatness, og sjælen skal forbedre, ændre ideelle mønstre, ændre livsstilen, ændre det kontinuerlige arrangement af tilbøjeligheder og så videre.

Kapitel 4

Faserne i cyklussen

TRE FASER AF CYKLUSSEN

Trin 1: Planlægning og forberedelse

Den indledende test består i at skelne mellem en passende målregion for en mulighed for hurtig forbedring.

Sådanne regioner kan omfatte: dele med betydeligt igangværende arbejde; en ledelsesmæssig interaktion eller en skabelsesregion, hvor der opstår store flaskehalse eller udsættelser områder, hvor alt er et "vrag", eller potentielt kvalitet eller udførelse ikke opfylder kundens antagelser; samt regioner, der har den kritiske markedsmæssige eller økonomiske effekt (dvs. de mest "estimerede" øvelser tilføjet).

Når en god kreativ proces, ledelsescyklus eller region vælges i et produktionsanlæg, vælges et mere entydigt problem med "bortskaffelse af affald" inden for dette område til omdrejningspunktet for kaizen-lejligheden (det vil sige det særlige problem, der skal forbedres, for eksempel fald i leveringstid, forbedring af kvalitet eller forbedring af udbyttet af skabelsen). Når problempunktet er valgt, samler cheferne normalt en gruppe interuserede arbejdere.

Fase 2: Gennemførelse

Gruppen søger først at fremme en rimelig forståelse af den "aktuelle tilstand" af den udpegede interaktion, så alle kolleger har en sammenlignelig forståelse af det problem, de forsøger at løse.

Under kaizen-lejligheden er det normalt vigtigt at indsamle data om den angivne cyklus, såsom skøn over artiklens kvalitet generelt; hastigheden af stykker og affaldskilde; en retning af objekter hele objektets afstand tilbage alle kvadratfod involveret i vigtig hardware; antal og gentagelse af ændringer kilden til flaskehalse et mål for det igangværende arbejde og personalestørrelse for eksplicitte forpligtelser. Kolleger udpeges enkle job til undersøgelse og undersøgelse. Efterhånden som flere data akkumuleres, tilføjer kolleger detaljer for at estimere interaktionsflowguider og direkte undersøgelser af betydelig oppetid (f.eks. Tidtagning, leveringstid).

Når der indsamles oplysninger, opdeles og opdages forskningsforbedringsregionerne. Kolleger genkender og registrerer alt det affald, der bemærkes, ved at spørge, hvad målet med interaktionen er, og om hvert trin eller komponent tilføjer skøn for at nå dette mål. Når spildet eller den ekstra handling af manglende agtelse anerkendes og estimeres, konceptualiserer kollegerne derefter på det tidspunkt valgene om forbedring. Tanker afprøves ofte i værkstedet eller i processen "modeller". De ideer, der betragtes som mest opmuntrende, vælges og realiseres. For fuldt ud at forstå fordelene ved kaizen-lejligheden skal kolleger notere og registrere nye varigheder af processen og fastslå investeringsfonde fra spildt, administratorbevægelse, delvis transport, bruges og gennemløbstid.

Trin 3: Opfølgning

Kaizens fremskridt er baseret på den praktiske kulmination på forbedringscyklussen og succesen med bestyrelsesændring. Et vigtigt element i en kaizen-lejlighed er den næste handling, der involverer at sikre, at opdateringer understøttes og ikke blot er ubestemte.

Efter kaizen-begivenheden holder kolleger regelmæssigt styr på vigtige udførelsesforanstaltninger (f.eks. Målinger) for at registrere forbedringsgevinster. Målinger inkorporerer ofte bly, procesvarigheder, procesdeformitetshastigheder og krævet udvikling og bruges, selvom størrelsen svinger, når den udpegede interaktion er en autoritativ cyklus. Opfølgningsarrangementer planlægges fra tid til anden 30 og 90 dage efter den underliggende kaizen-mulighed for at vurdere eksekvering og genkende opfølgende ændringer, der kan være vigtige for at understøtte forbedringer.

Instruktioner til at blive magtfulde hos Kaizen Venture Executives

Næsten ingen er fjendtlige over for Kaizen. Hvilken pioner ville ikke i stedet danne en forening, der omfavner positiv forandring og inkluderer alt det igangværende? Repræsentanter kan generelt også lide at tænke, fordi det afhænger af fælles overvejelse og ansvar. Uanset hvad det er, kræver overgangen fra et beregnet system til opgaven en daglig ordning. Her er nøglerne til Kaizen-programmet de ledere, der arbejder

Implementer mange små ideer

Kaizen, lederne, er ikke bundet til at svinge væggene eller opfinde den eneste tanke, der vil ændre virksomhedsscenen. At nå, hvor hver interaktion er fremragende, er relateret til møder, opfølgning på adskillige gradvise forbedringer og udførelse af gentagne forbedringscyklusser. Især i begyndelsen er det afgørende at opbygge muligheden for, at ingen funktionel ændring er for lille til nogensinde at blive tænkt på. Gruppen bør opfordres til at indberette hver åben dør, den identificerer, og til at tilvejebringe et produktstadium, inden for hvilket den kan fungere som sådan.

Fokus på processer, ikke mennesker

Kaizen-reglen, der udtrykker, at "deformiteter og fejl meget ofte er manglerne ved defekte cyklusser, ikke enkeltpersoner", er let at overse for projektadministratorer. Enkeltpersoner begår fejl, ikke sandt? Det gør de faktisk, især når processer flyder over med åbne porte på grund af fejl under manglende forberedelse, når ressourcerne ikke er gratis, eller når arbejdsområdebetingelserne ikke er nyttige til fremskridt. Når der opstår deformiteter, involverer ledernes Kaizen-design at finde den underliggende driver, som ofte vil være en cyklusfejl eller en eller anden lighed. Forbedringer bør udføres for at reducere fejlresistente cyklusser for at undgå fremtidige kvalitetsfejl.

Eliminer spild

Hver provision, handling og omkostninger, der er involveret i en cyklus, forbedrer kunden i en ideel oprettelsesramme. Estimatet er præget af kunden og afviser alt, hvad han ikke ville betale lykkeligt for. Da vi omfavner Kaizens primære standard, at hver cyklus kan forbedres, er der et rimeligt spild i dine aktiviteter. Søgningen efter ting som overflod af lager, unødvendig udvikling af varer eller enkeltpersoner inkluderer, som kunderne aldrig anmoder om eller bruger, fanatisk undersøgelse og sjuskede arbejdsområder. Tal med arbejdere i spidsen for affald og træn dem til at genkende og rapportere det.

Kapitel 5

PDCA, SDCA og 5S

Hvad er Plan-Do-Check-Act (PDCA) cyklus?

PDCA (Plan-Do-Check-Act) er en teknik til at videreudvikle cyklusser og elementer vedvarende. Få mere at vide om PDCA-interaktion og dens praktiske anvendelse.

Hvad betyder PDCA-cyklussen?

Det gav mening for et øjeblik, at Arrangement Do-Check-Act-cyklussen er en model til at fuldføre forandring. Det er et grundlæggende stykke lean samlingsbegrundelse og grundlæggende for den løbende forbedring af enkeltpersoner og processer. Først foreslået af Walter Stewart og senere oprettet af William Deming, er PDCA-cyklussen blevet til et system vidt og bredt til løbende opdateringer i samling, bestyrelse og forskellige regioner.

PDCA er en simpel fire-trins teknik, der gør det muligt for grupper at forsøge ikke at gentage rodene og videreudvikle processerne. Da vi har givet mening om betydningen af PDCA, bør vi dykke ned i punktet og gøre os bekendt med cyklussen.

Hvor kommer Plan-Do-Check-Act-cyklussen fra?

Den amerikanske analytiker og fysiker Walter Stewart ses som far til PDCA. Han var begejstret for målbar undersøgelse og kvalitetsforbedring og samlede det grundlæggende i PDCA i forskellige distributioner. År efter det faktum, vækket af Stewarts tanker, dannede William Deming modellen i en cyklus af læring og forbedring og blev kendt som PDCA. Til dette formål kaldes modellen Stewart- eller Deming-cyklussen.

Forklar PDCA-cyklussen i detaljer

PDCA-cyklussen er en iterativ interaktion for ubarmhjertigt at videreudvikle elementer, enkeltpersoner og administrationer. Det er blevet en nødvendig brik i det, der i dag kaldes Lean-administration. Arrangement Do-Check-Act-modellen indeholder bestemmelser, test, undersøgelse af resultater og arbejde med interaktion.

Forestil dig for eksempel, at du har mange kundeindvendinger mod din hjælpegruppes langsomme reaktionstempo. Så på det tidspunkt bliver du formodentlig nødt til at videreudvikle, hvordan din gruppe forsøger at holde kunderne tilfredse. Det er her pdca bliver en integreret faktor.

PLAN

På dette stadium vil du i en reel forstand planlægge, hvad der skal være færdigt. Afhængigt af virksomhedens størrelse kan organisationen kræve en betydelig del af din gruppes indsats. Det vil generelt omfatte mere beskedne fremskridt, således at der kan opbygges en legitim aftale med mindre tænkelige resultater af skuffelse. Før du går videre til næste trin, skal du være sikker på, at du har behandlet nogle væsentlige bekymringer:

Hvad er det centrale spørgsmål, vi ønsker at tage fat på?

Hvilke varer vil vi have?

Hvilke ressourcer har vi?

Hvad er det bedste svar til at løse problemet med tilgængelige ressourcer?

På hvilke betingelser vil aftalen blive betragtet som frugtbar? Hvad er målene?

Husk, at du og din gruppe muligvis skal gennemgå aftalen flere gange, før I har en chance for at fortsætte. I denne situation er det korrekt at bruge en strategi til at skabe og holde trit med åbne kritikerkredse som Hoshin Kanri Catchball. Det giver dig mulighed for at indsamle nok data, før du vælger at fortsætte.

Gøre

Efter etableringen af aftalen er tiden inde til at tage et skridt. På dette tidspunkt vil du anvende alt, hvad der blev overvejet i det sidste trin. Ved, at der kan opstå uventede problemer på dette stadium. Derfor kan du under ideelle omstændigheder i første omgang forsøge at konsolidere din aftale i begrænset omfang og i et kontrolleret klima. Normalisering er noget, der hjælper din gruppe med hurtigt at anvende strukturen. Sørg for, at alle kender deres arbejde og forpligtelser.

KONTROLLERE

Dette er formodentlig hovedfasen i PDCA-cyklussen. For at forklare din disposition skal du prøve ikke at gentage rodene og effektivt anvende løbende forbedringer. Du vil overveje nok til at tage et kig på scenen. Du vil gennemgå udførelsen af din aftale og kontrollere, om din underliggende konto har fungeret. Derudover vil din gruppe gerne skelne mellem de vanskelige dele af det nuværende system og undvære dem senere. Hvis du antager, at noget gik galt under løkken, vil du dissekere det og finde den underliggende drivkraft for problemerne.

Akt

Til sidst introducerer du dig selv til den foregående fase af Arrangement Do-Check-Act-cyklussen. Du har allerede oprettet, ansøgt og kigget på dit arrangement. I øjeblikket vil du handle. Hvis alt ser ud til at være fremragende, og din gruppe har fundet ud af, hvordan du når de første mål, kan du fortsætte og anvende din underliggende ordning. Det plejer at være passende at omfavne hele aftalen, hvis målene nås. Separat bliver PDCA-modellen til den nye standardmodel. Gentag en normaliseret plan, mind din gruppe om at gennemgå alle midler igen, og prøv at komme til næste niveau omhyggeligt.

PDCA-cyklussen er en enkel og stærk struktur til løsning af problemer på ethvert niveau i din forening. Det har tendens til at være afgørende for en mere fantastisk arrangementproces, som Hoshin Kanri. Den triste metode hjælper din gruppe med at finde og teste bestemmelserne og udvikle dem yderligere gennem en affaldsreduktionscyklus. PDCA-cyklussen indeholder en obligatorisk forpligtelse til konstant forbedring, hvilket påvirker effektiviteten og effektiviteten. Endelig skal du huske, at PDCA-modellen kræver en specifik investeringsforanstaltning og muligvis ikke er egnet til at løse alvorlige problemer.

FungererSDCA-cyklussen?

'S'-trinnet inden for denne teknik adresserer Normaliser. Derefter har SDCA-cyklussen de ledsagende fremskridt: normalisere, gøre, kontrollere og handle. Når de bedste udstillinger blev lavet gennem PDCA-cyklussen, skulle interaktionen eller elementet, der oplevede ændringen, normaliseres, ikke? Malerier og gadgets, der forhindrer ankomsten af disse problemer, bør derfor dannes og testes, så det er bestemt tænkeligt at kontrollere og garantere evig kvalitet og pålidelighed. Uanset hvad det er, er korrigerende aktivitet det sidste valg, forudsat at ethvert problem, der står over for, vender tilbage.

Standardisere

Formålet med denne fase er at karakterisere det mål, der skal nås, under hensyntagen til anerkendelsesbegrænsningerne. Til dette er det muligt at beskrive varens kvaliteter og attributterne for den primære vare (dem, der har størst effekt på køberen) og karakterisere de funktionelle kontrolpunkter. For eksempel: reducere mængden af stykke til 1 ton hvert år. På dette stadium er SOP (Standard Working Methodology) også præget af planlægningen af cyklusser og de personer, der er ansvarlige for udførelsen af SOP.

Gøre

Målet er at følge de systemer, der er sat op. Derfor er det vigtigt, at koncernen forbereder og tilrettelægger systemerne.

Kontrollere

Kontroller tilstrækkeligheden af tidligere trin ved at observere de opnåede resultater

Akt

Dette trin sigter mod at løse problemer, der ikke for nylig blev forudset. For eksempel: teknikkerne er ikke ved at blive gennemført, gruppen forstod ikke målet, resultaterne var ikke egnede til at træne og manglede arbejdsforhold

Hvorfor er det så unikt at høre om SDCA-cyklussen i det industrielle miljø?

Da SDCA-cyklussen på en eller anden måde kendte den virkende periode for selve PDCA-cyklussen, logikken bag ikke at have meget data om det i den daglige og regelmæssige ledelsesrutine. Mens PDCA-cyklussen giver mulighed for fremskridt med kontrast- og forbedringsprojekter, kan SDCA-cyklussen advare dig, når nye problemer opstår, eller gamle vender tilbage, da deres motivation er at holde cyklussen kørende konstant og ikke overraskende uden en forudgående metode. Brugen af en støttestrategi er en betingelse, som DMAIC-teknikken for eksempel ikke har, da dens egen kontrol og det sidste trin på forhånd inkluderer disse advarsler og forslag, hvilket sikrer en opgave, der betragtes som lignende organiseret på et problem og den cyklus, hvori den er indlejret.

Kontrast mellem "SDCA" og "PDCA"?

"PDCA" -cyklussen og "SDCA" -cyklussen er tænkningsstrategier organiseret med en lignende standardmetode: efter et problem eller en åben dør. Mens PDCA-cyklussen forsøger at løse et problem så produktivt som forventet, forsøger SDCA-cyklussen at holde interaktionen kørende med bekræftelse af, at dette problem ikke vil gentage sig. Overvej for eksempel, når du klatrer på en trappet skammel: For at gå videre til næste trin skal du hvile dine fødder på den konstante overflade af det sidste trin, ikke? Forbindelsen mellem disse to strategier er noget lignende! For at opnå en mere fremtrædende udførelse og overhånden ved hjælp af PDCA-cyklussen bør en organisation i første omgang støtte sine nye mål og målsætninger i lyset af dens igangværende omstændigheder. Til dette bruges SDCA-cyklussen.

Hvor vigtig er den rimelige brug af PDCA- og SDCA-cyklussen?

Uanset om en organisation isolerer dem ved navn eller ej, er det presserende at forstå betydningen af at involvere disse teknikker på samme måde, da det ikke er nok til at opnå bedre resultater. Du bør også beholde dem lidt senere! På denne måde udbredes aktiviteterne med korrektion, forventning og forbedring på lang sigt.

Hvad er 5S?

5S er en ramme for koordinering af rum, så arbejdet kan udføres kompetent, vellykket og sikkert. Denne ramme fokuserer på at placere alt, hvor det skal være, og holde arbejdsmiljøet rent, hvilket gør det lettere for folk at tage sig af deres ansvar uden at have noget at gøre eller en chance for skade.

5S Oversættelse

På engelsk oversættes japanske ord <u>ofte til</u>

· Slags

· Sæt i rækkefølge

· Skinne

· Standardisere

· Støtte

Hvad er de 5 S'er?

5S-ideen kan virke noget unik i øjeblikket. Det er dog en usædvanlig fornuftig og involverende enhed, som alle i arbejdsmiljøet kan være en del af. 5S inkorporerer evalueringen af alt, hvad der er til stede i et rum, dræber det, der er trivielt, sætter tingene sammen fornuftigt, udfører rengøringsopgaver og skubber denne cyklus. Arranger, rengør og omarbejd.

Vi bør undersøge alle dele af 5S

Slags

Det første trin i 5S, Sort, omfatter undersøgelse af alle værktøjer, møbler, materialer, hardware og så videre i et arbejdsområde for at forstå, hvad der skal være tilgængeligt, og hvad der kan elimineres.

· Hvad er formålet med denne artikel?

· Hvornår blev denne vare sidst brugt?

· Hvor ofte bruges det?

· Hvem bruger det?

· Skal det være her?

Disse anmodninger hjælper med at bestemme værdien af alt. Et arbejdsområde kan være ideelt uden overflødige ting eller sjældent brugte ting. Disse ting kan forstyrre det samlede flow eller forbruge rummet. Husk, at de bedste mennesker til at evaluere ting i rummet er de mennesker, der arbejder på det. Det er dem, der kan besvare ovenstående spørgsmål. I det øjeblik et møde har bekræftet, at nogle ting ikke er påkrævet, skal du tænke over de ledsagende valg: Giv ting til en alternativ division Genbrug / kassér / sælg ting

Læg tingene væk

Når værdien af en ting er tvivlsom - for eksempel er en enhed ikke blevet brugt i nyere tid, men nogen mener, at det fra nu af kan være nødvendigt meget godt - brug teknikken med den røde etiket. Røde etiketter er typisk pap eller klistermærker, der kan føjes til de ting, du henviser til. Klienter udfylder varens data, såsom placering, beskrivelse, navn på den person, der anvender tagget, anvendelsesdato

Så sagen er sat i en "region med røde etiketter" med andre skitserede ting. Hvis elementet ikke er blevet brugt efter en tildelt tidsmåling (måske lidt), er det nu det rigtige tidspunkt at slette det fra arbejdsområdet. Det er ikke værd at klamre sig til ting, der aldrig bruges, da de besætter et rum.

Sæt i rækkefølge

Når det ekstra rod er væk, er det mere overfladisk at se, hvad der sker med alt. I øjeblikket kan forretningsmøder udtænke deres egne metoder til at forstå overskydende ting. Interessante punkter:

Hvilke personer (eller arbejdsstationer) bruger hvilke ting?

Hvornår bruges ting?

Hvilke ting bruges oftest?

Skal jeg skrive samle noget?

Hvor kan indstillingen af elementerne generelt være konsistent?

Kan nogle stillinger være mere ergonomiske for arbejdstagerne end andre?

Kan nogle punkter eliminere overdreven bevægelse?

Er flere kapacitetsindehavere afgørende for at holde tingene koordineret?

I løbet af denne fase bør alle beslutte, hvilke spilplaner der generelt er pålidelige. Dette vil kræve, at du tænker helt over opgaverne, gentagelsen af sådanne forpligtelser, den måde, enkeltpersoner går gennem rummet og så videre. Organisationer kan have brug for at stoppe op og reflektere over sammenhængen mellem forening og større Lean-indsatser. Hvilken plan vil medføre et minimum af affald?

I magert produktion kan affald tage form af:

- **Overgivelser**

- **Ventetid**

- **Yderligere bevægelse**

- **Overflod af bestande**

- **Overproduktion**

- **Yderligere ledelse**

- **Unødvendig transport**

- **Ubrugelige glansgaver**

Alle tror, at de forstår, hvad renlighed er. Det er dog en af de nemmeste ting at ignorere, især når arbejdet begynder. Sparkle-fasen i 5S er fokuseret på at rydde op i arbejdsområdet, hvilket indebærer rengøring, rengøring, rengøring af overflader, pleje af udstyr og materialer og så videre.

På trods af den væsentlige renlighed inkluderer Sparkle også standardvedligeholdelse på hardware og udstyr. At træffe foranstaltninger til at opretholde de første betingelser betyder, at organisationer kan få problemer og forhindre fejl. Dette indebærer mindre siddende og ingen mangel på fordele forbundet med arbejdsafbrydelser.

Arbejdsmiljøets glitter lyder sandsynligvis ikke energigivende, men det er vigtigt. Derudover skal det ikke blot afleveres til rengøringspersonalet. Hos 5S har alle en følelse af ejerskab ved at rydde op i deres arbejdsområde til en perfekt hverdag. Dette får folk til at påtage sig en følelse af ejerskab med plads, hvilket udleder, at enkeltpersoner vil lægge flere ressourcer i deres arbejde og organisation i det lange løb.

Standardisere

Det skal gå godt, når de første tre faser af 5S er overstået. Alt, hvad der gik, alt er koordineret, rummene er rene og udstyret er allerede.

Problemet er, at når 5S er nyt i en forening, er det ret nemt at rengøre og facilitere og lidt senere roligt lade tingene glide tilbage til, hvordan de var. Standardisering gør 5S enestående fra det fælles forårsrengøringsprojekt. Standardisering orkestrerer alt, hvad der er sket, og gør engangsforsøg til tilbøjeligheder. Standardiser tildeler standardindsats, opretter planer og udgiver regler, så disse opgaver bliver til planer. Opret standard arbejdsrammer for 5S med det mål, at nøjagtighed ikke falder ud af syne. Afhængigt af dit arbejdsområde kan en daglig 5S-plan eller ramme være nyttig. Et offentliggjort program, der viser, hvordan visse rengøringsaktiviteter skal forekomme regelmæssigt, og hvem der er forpligtet til dem, er et andet nyttigt værktøj.

I første omgang vil folk sandsynligvis have brug for opdateringer omkring 5S. Beskedne mængder tid kunne spares hver dag for 5S-gebyrer. Efter nogen tid vil virksomheder blive en daglig praksis, og koordinering og rengøring af 5S bliver et stykke dagligt arbejde.

Støtte

Ved opsætning af standardsystemer til 5S bør organisationer gøre det løbende arbejde med at holde trit med disse teknikker og opdatere dem efter behov. Støtten hentyder til den mest almindelige måde at holde 5S efter hensigten, samtidig med at alle i den pågældende forening bevares. Direktører skal deltage, såvel som arbejdere på samlingsgulvet, på lageret eller på arbejdspladsen. Støtte er bundet til at gøre 5S til et udmattende program såvel som en mulighed eller en forbigående virksomhed. I en perfekt verden bliver 5S en del af en forenings livsstil. Når 5S understøttes efter et stykke tid, vil organisationer også begynde at se sikre resultater non-stop.

Hvem skal deltage i 5S?

Her er det korte svar på denne anmodning: alle. Hvis en afdeling starter 5S, bør tilsynsførende og eventuelle resterende repræsentanter inddrages. Forudsat at nogen er glemt, kan dette resultere i uro eller skibbrud, som enkeltpersoner ikke ville tage ansvar for.

Specifikke personer, man kan forestille sig, vil påtage sig en mere betydelig del i 5S end andre, hvilket er fint. Der kan være 5S-facilitatorer, der er ansvarlige for at indføre og vedligeholde 5S-betegnelsen som følge af tildelte opgaver eller erhvervelse af nye divisionspersoner med

5S-rammen. Disse personer vil investere masser af energi i at overveje 5S i modsætning til andre. Alle bør dog regelmæssigt reflektere over 5S. 5S kunne ske som en lejlighed i starten. Men i en perfekt verden bliver det et stykke dagligt arbejde for alle.

Det er afgørende at huske, at organisationens leder skal deltage i 5S, især forudsat at 5S er en bred indsats. Når folk ser deres chefer behandle 5S dybt ved at deltage i det, vil de også blive bedt om at se det dybt.

5S Træning

Alle, der deltager i 5S øvelserne, skal forberede sig. Dette bør være muligt i et hjemmemiljø, med en forberedelses-dvd eller gennem aktiv praksis. En udstilling af, hvordan 5S kan ske i en arbejdsstation, kunne være værdifuld. For at repræsentanter kan forstå, hvorfor organisationen vil begynde at bruge 5S og dens betydning, bør de modtage en kortfattet historie om 5S, dens dele og fordele.

Det er meget tænkeligt, at den måde, 5S udføres på i en forening eller endda i en division, vil være unik for andre mennesker, så grupper, der kører 5S på en interessant måde, skal muligvis løse den ideelle måde at reproducere 5S-midler på i deres rum. Uanset hvad skal alle forberede sig, når 5S er nyt, og derefter skal alle nye repræsentanter, der installeres senere, også forberede sig omkring 5S.

5S &visuel kommunikation

Et vigtigt stykke 5S er, at det gør rum renere og på denne måde lettere at udforske. Dette indebærer, at enkeltpersoner kan fuldføre deres arbejde mere effektivt. Specialiserede visuelle enheder såsom navne, gulvmarkeringer, skabs- og rackmarkeringer og skyggeark kan gøre det lettere at udforske rum. Derudover kan disse apparater hjælpe med at holde arbejdsområdet koordineret. Et arbejdsmiljø, der involverer visuel administration, betragtes ofte som et visuelt arbejdsmiljø.

Kapitel 6

Hvad er Kaizen begivenheder

Kaizen Begivenheder

Kaizen-lejligheder er kortvarigt forbigående konceptualiseringer og udførelsesmøder, der skal arbejde på en aktuel interaktion. Arbejdere, direktører og overraskende nok ejere på C-niveau mødes for at skitsere de seneste cyklusser, undersøge, hvordan disse cyklusser kan forbedres, og beslutte, hvad de skal gøre inden for administratorudvidelsen.

Kaizen-lejligheder fremmes almindeligvis som engangsbegivenheder, men de bør være nødvendige for et program, der er beregnet til, at konstant forbedring muligvis kan kontrollere, om de foretagne ændringer fungerer. Nedenfor vil vi se på, hvornår og hvordan man bruger kaizen lejligheder og gennemgå bevægelserne mod at køre en effektiv.

Hvornår skal man bruge Kaizen-begivenheder?

Emnet for hvornår man skal bruge Kaizen kan opdeles i to klassifikationer: brugen af det nuværende øjeblik (dag for dag) og langtrækkende brug. Ubarmhjertige cyklusforbedringer bør konsekvent være i spidsen for arbejdsaktiviteter, især med hensyn til støtteopdateringer, der tidligere er foretaget. Det er her, nuet eller de daglige kaizen-lejligheder kommer i spil. Du har måske kendt udtrykket "Kaizen-kultur" i en organisation. Dette hentyder til, at repræsentanter løbende gør løbende forbedringer til et aspekt af deres ansvar.

Nogle ændringer kræver en stadig længere og centreret tilgang. En passende udført Kaizen-lejlighed kræver en enorm interesse for arbejdernes tid. Kaizen-lejligheder er involveret i tre til fem-dages fremskridtsbegivenheder, der fokuserer på et udpeget problem i en cyklus. Langtrækkende Kaizen-lejligheder indeholder ledsagende øvelser:

Dannelse

Definition af problemet/målene

Dokumentation for den aktuelle status

Brainstorming og udvikling af en fremtidig tilstand

Implementering

Udarbejdelse af opfølgningsplan

Præsentation af resultater

Fejring af succeser

Ikke alle problemer har brug for en kort- eller langtrækkende Kaizen-mulighed, men der er nogle forhold, hvor de er det bedste værktøj til at eliminere spild og videreudvikle forbrugerloyalitet. Når det er tilfældet, hvornår ville det så være en god idé for dig at bidrage med din repræsentants og din forenings tid ved en lejlighed?

I det øjeblik, hvor et alvorligt problem har brug for en bekvem løsning

Vi henviste til "brandslukning" tidligere. Dette ville falde ind under den klasse. Der kan opstå forfærdelige problemer som en stigning i antallet af solgte varer, der oprettes, en betydelig udvidelse af kundeindvendinger eller en bombet revision. Det øjeblik du har brug for at nå udpegede mål: Måske er din gruppe blevet forsinket med at nå nøglemål eller KPI'er, og du skal ramme dette problem direkte. En Kaizen-mulighed kan hjælpe dig med at realisere styrkeområder mod at nå disse mål ved at signalere og kontrastere dine igangværende cyklusser med en anden.

Når du har ineffektive daglige forbedringer

Kaizen-lejligheder kan hjælpe din gruppe med at låse sig selv op i deres daglige processer. At tage din gruppe til daglige Kaizen-lejligheder og perspektivet af "Kaizen-kultur" involverer dem i cyklussen ved at bede dem om at foretage forbedringer i deres daglige tidsplaner og skubbe ændringer, der foregår efter nogen tid. Dette viser dem, at de direkte påvirker den måde, tingene sluttede på, og har en mere betydelig interesse i organisationen, end de kan forstå, og skubber mere tilfredse arbejdere.

Mens du arbejder med forskellige grupper

Et af de mest betydningsfulde brudområder i en forening er tværprofessionelt samarbejde, der arbejder med forskellige divisioner. Dette skyldes, at hvert kontor har sine egne behov og initiativ. En Kaizen-lejlighed giver to divisioner et organiseret klima til at fokusere og løse en måde at samarbejde mod et fælles mål. For eksempel er levering og opnåelse af gruppen i total aftale som en oprettelsesgruppe grundlæggende for en produktionscyklus.

I det øjeblik du ikke har ødelagt en engang.

Det lyder måske som en god dømmekraft. Men mange mennesker har en Kaizen-mulighed, og på intet tidspunkt vil de nogensinde gøre det i fremtiden. Kaizen handler om vedvarende forbedringer, så det er afgørende at rutinemæssigt gøre dem for at holde vigtige tænkningsevner og fælles indsats skarpe gennem konstante skærpelsesprocesser. Det er også bedst at tage en kaizen lejlighed, når nye kolleger kender dit speciale. Derudover, da det er en mulighed for at lære dem med apparater og procedurer for konstant forbedring, kan de også have tanker at tilføje til lejligheden.

Sådan bruges Kaizen-begivenheder

Der er ingen enkelt korrekt metode til at udføre en Kaizen-lejlighed. Mange værktøjer og procedurer, der er bedst for din gruppe, kan bruges; under alle omstændigheder drejer de fleste lejligheder sig generelt om en aktivitetsplan og en måde at tænke på. Kaizen som en aktivitetsplan indebærer at koordinere en engagerende oplevelse, der stræber efter at arbejde på en bestemt region inden for foreningen. Som en måde at tænke på tager Kaizen os tilbage til den "Kaizen-kultur", som vi undersøgte tidligere. Det har faktisk tiltrukket repræsentanter, der anbefaler og effektivt udfører nye tanker og forbedringer.

Alt i alt, hvordan fik du nogen idé om, hvor du skulle starte? Kaizen-lejligheder er ofte organiseret til at bruge estimeringsflowplanlægning til at fokusere på de rigtige regioner til udvikling. Følgende er en tid for en del af de problemer, der kan løses ved hjælp af kaizen lejligheder:

Reduceret omstillingstid på en hardwarekomponent eller -cyklus. Ved hjælp af Kaizen kan en gruppe forfine muligheden for at skifte gear ved hjælp af SMED-rammen skabt af Shigeo Shingo.

Vi sammensætter arbejdsmiljøet ved hjælp af 5-S.

Jeg opretter en arbejdscelle med et enkelt flow.

Jeg fremmer en ramme af styrke.

Vi videreudvikler hardwarepålidelighed gennem TPM (All out Useful Support).

Jeg arbejder på fremstillbarheden af en plan af artikler.

Vi videreudvikler en proces til forbedring af artiklerne.

Vi videreudvikler andre autoritative cyklusser, såsom håndtering af anmodninger, indhentning, design af forandringsledelse og andre administrative data/ arbejdsledelsesøvelser.

Da det er blevet så unægteligt indlysende, hvor man skal starte, hvordan ser det ud at udføre **Kaizen i en reel situation?**

Engager folk: Bed hver mandag dine repræsentanter om at undersøge deres gruppe og tænke over specifikke problemer, de stødte på den foregående uge. Bed dem om at overveje en metode til at løse disse problemer. Bed dem om at præsentere deres resultater for en Kaizen-bestyrelse for at konceptualisere forskellige planer for at løse problemet eller udvide den anbefalede tænkning.

En anden metode til at stille spørgsmålstegn ved alle er brugen af et Kaizen-bord. Placer et whiteboard med sticky notes under klasser kaldet "To Do", "Do", "Done" og "Thoughts" i et fokusområde, eller tilbyd en webbaseret post, der giver kolleger mulighed for at gå sammen og spytte tanker ud.

Strukturering af et Kaizen-panel: Dette skal omfatte fem til 10 repræsentanter på forskellige niveauer i foreningen. Rådet bør mødes ugentligt for at gennemgå tanker om konstant forbedring.

Rapportændringer: Ingen Kaizen-salgsmulighed sluttede uden en rapport. En Kaizen-rapport skal opsummere, hvordan tingene var før flytningen, og hvad der skete, da du foretog en flytning. Mere overraskende viste den måde, problemet henviste til, sig at være bedre.

Kapitel 7

Kaizen til fitness

Der er to grundlæggende udviklingsmuligheder: sprængning og ikke involveret. Burst-kurset er angiveligt det mest udadvendte i wellness-branchen. Online underholdning er oversvømmet med pakker, der tilbyder dig for meget og kommer tilbage på ingen tid. "Skift bivirkningerne af modning om cirka en måned", "Tab 5 kg om flere uger" eller endda "Forøg bustens størrelse om flere uger". Du ringer til dem, og internettet har dem.

Hvem kan desuden bebrejde os, at vi giver efter for disse projekter? Vi lever i et publikum, hvor hastighed og effektivitet hersker øverst. Uanset hvad det er, er der generelt et problem. Uanset om det overfører eftervirkninger (eller en vis lighed mellem dem), kan det ofte være af en uacceptabel, øjeblikkelig og upraktisk art, eller vi vil sandsynligvis stoppe halvvejs.

Tilsyneladende er alt, hvad der skinner, ikke guld. Derfor, hvis du på en eller anden måde anmodede om nogen fra de sundhedsspecialister, vi har på vagt for anbefaling af begyndere, ville de ofte foreslå lidt. Det ender med, at dette ville være et centralt princip i Kaizen, en japansk handelsargument for fremskridt, der følger dets underliggende fundament for samlevirksomheden. Mens de arbejder med klienter, opfordrer jeg dem til at tage et kig på små, enkle livsstilsændringer, der i sidste ende vil have en betydelig effekt. Denne tilgang er hverken unik eller avanceret videnskab, men jeg synes, den er ekstrem. Jeg kalder det en Kaizen-livsstil, fordi Kaizen er en idé, der fremmer muligheden for små forbedringer, der i sidste ende fører til fremskridt. Jeg har tidligere opdaget Kaizen, mens jeg boede i Japan. Generelt bruges Kaizen for det meste i en forretningsmæssig sammenhæng og beskriver måden at tænke på løbende forbedringer for at opbygge effektivitet og kompetence. Undtagelsesvis omorganiseret, en organisation eller gruppe, der anvender Kaizen-direktører, kompilerer typisk som følger: forskellige arbejdscyklusser vil blive karakteriseret, isoleret i faser af processen og opdelt. Forudsat at muligheden for at forbedre er blevet anerkendt, vil de særlige faser af cyklussen blive omklassificeret og implementeret. Vær det som muligt, i Japan kan du finde Kaizen overalt. Når du får et livsstilsmagasin, sporer du ofte ideer til små ændringer for at forbedre dit velbefindende, ekspertise og så videre. Normalt afhænger disse af en test, du kan tage, før du gør dig bekendt med de mulige svar på din tilstand. For eksempel vil du opdage, at du har en bestemt hudtype, og at nogle ændringer i din rutine kan arbejde på din farve. Eller på den anden side tage en test for yderligere at undersøge din kropstype, og hvilken øvelse der kan hjælpe dig mest. Jeg elsker denne metode på grund af flere faktorer:

Fra begyndelsen, da jeg hader "one-fits-all" teknikker, især med hensyn til kalorietælling og motion, skal der foretages forbedringer efter at have forstået din kaliber og din krops behov. For eksempel bør oprettelsen af din spiserutine være baseret på dit bevægelsesniveau, den type øvelser, du laver, din historie med velvære og så videre. Resultater svarende til dem, der forventes til træning: Mens specifikke aktiviteter kan hjælpe folk, kan de skade andre. Derfor er det vigtigt at undersøge tingenes tilstand, når du skal arbejde med dit velbefindende eller velvære. Derudover accepterer jeg, at de mål, der er for aggressive, for det meste vil være den klare skuffelse over opgivelse. Små forbedringer kan så igen gøres ubesværet, hvilket hjælper dig med at forblive skubbet.

For eksempel, i stedet for at forsøge at tabe 10 pund på 10 uger eller ønsker at løbe 5 miles hver dag i det næste semester, har det et lille mål for nu, såsom at bytte pasta til en portion blandede grøntsager eller tage en tur i stedet for at se Netflix. Forudsat at du er klar til at opnå din daglige forbedring, kan du fuldføre dig selv og foreslå et andet mål til senere.

Forudsat at du har svært ved at vågne op for at ændre, skal du starte med mål, der er så små, at det ville være absurd i den fjerne mulighed, at du ikke vil forsøge at nå dem. Forvent for eksempel at gå i 5 minutter i dag. Ofte forsømmer vi ikke at overholde nye tilbøjeligheder, da de er vanskelige, men vi accepterer, at vi ikke er klar til at ændre os. Vi ved, at vi ikke er tilstrækkeligt fokuserede på at holde fast i en spiserutine, eller at vi ikke er "et aktivitetsindivid". Angst for skuffelse vil på det tidspunkt holde os væk fra begyndelsen generelt. Under alle omstændigheder, forudsat at du foreslår enkle mål, og hvis du kan nå dem, kan du begynde at opbygge sikkerheder og bevise for dig selv, at du ER selvtrænet og KAN træne. Bortset fra det vil små sejre overbevise dig om at opnå mere. I sidste ende vil du opbygge niveauet for dine mål. Ægte fremskridt kan ske, når du træder ud af dit sædvanlige kendskabsområde. Men da du tidligere har vist, at du har tingene til at arbejde på dine daglige tilbøjeligheder, har du tilstrækkelig sikkerhed til at udvide dit sædvanlige kendskab og til sidst komme ud af det.

Kaizen opfordrer os til at udføre små opdateringer konsekvent. På denne måde kan du begynde at gå 5 minutter hver dag (hvilket sandsynligvis stadig er i dit sædvanlige fortrolighedsinterval), derefter på det tidspunkt tilføje ti squats den følgende dag (hvilket kan virke lidt akavet) og efterfølgende tilføje fem push-ups på dag 3 (ubelejligt, men samtidig muligt). Hvis du bliver ved med at tilføje små klumper af aktivitet, laver du lynhurtigt en 30-minutters øvelse. Og ud af ingenting udretter du noget ud af dit sædvanlige kendskab bare en halv måned før.

Hvordan ansøger man Kaizen?

Små virksomheder bør tage meget lidt tid eller penge. De skal være så små, at det ville være svært at falde til jorden. Jeg kan dog læse dine tanker; "Disse midler er så få, jeg kommer aldrig til mit mål ved at fortsætte sådan!" ja, nogle ting er simpelthen ikke beregnet til at blive forhastet. Gå til det som et langdistanceløb: Hvis du på en eller anden måde tilfældigvis løb tør for al din energi mod begyndelsen for store stigninger, ville du ende med intet i tanken efter en kort periode.

Små fremskridt er større end noget middel ved nogen fantasiindsats. Derudover kan det efter en eksperimentel fase kræve et behageligt andet trin, derefter et tredje osv., Indtil ændringen domineres. Her er nogle eksempler på små fremskridt, du kan tage for at begynde at tilføje mere bemærkelsesværdig udvikling i din daglige eksistens. Du vil øve og få en afgift i, hvad der ser ud til at have ingen tid!

Parker et stykke længere væk fra dit mål, uanset om det er hjemme, arbejde eller butikker, og gå afstanden.

Flyt ikke mindre end en trappeopgang, før du tager elevatoren.

Tag den lange vej tilbage fra frokosten.

Tag dig tid til nogle grundlæggende øvelser

Mens det at prøve Kaizen kan hjælpe med at opretholde positive rutiner, er det ikke usårligt for de svimlende virkninger af daglig forvirring på trivsel. Du ville tro, at de velkendte figurer i talen om at slå din sidste, hver dag eller gentagelse øger hver øvelse; det ville forblive uadskilleligt med Kaizen, hvilket handler om konstant forbedring. Alt undtagen. Lad os for eksempel sige, at du har besluttet at lave en ny pushup, hver gang du træner og træner cirka tre gange om ugen generelt. Virker det praktisk for dig at lave 150 armbøjninger mere på et enkelt møde efter et år?

Som et resultat er det afgørende at behandle dine egne antagelser om velvære, især hvis du starter. At lade din krop begynde at lede pakken med at fortælle dig, hvornår du kan tage det næste skridt, kan hjælpe dig med at regere i den sprudlende stribe og forhindre dig i at tage for stort eller overdrevent hurtigt spring, når vi begynder at reintegrere i livet før pandemien, at tage disse korte trin kan hjælpe med at introducere motion i vores liv igen. Her hos Circle har vi masser af valgmuligheder for jer, der er klar til at tage det næste skridt. Fra projekter til klasser har vi en, der sørger for at tilfredsstille din ekstravagante. Her for at fortsætte med et overlegent liv, hver lille forbedring igen!

Kapitel 8

Kaizen Blitz

Hvad er Kaizen Blitz?

Kaizen-dæmningen, eller kaizen-lejligheden, er et lille, men omfattende og betydningsfuldt arbejde for at skelne regioner til udvikling i en økonomisk cyklus og straks gennemføre opfattede aftaler. Som en forbigående cyklusforbedringsmetode påvirker den færre individer, udføres inden for et par dage, fokuserer på en bestemt region og viser mærkbare resultater på kort tid.

Kaizen barrage følger ideen om DMAIC (Karakteriser, mål, undersøg, forbedre og kontrol) forbedringscyklus, som videreudvikler forretningsprocesser ved hjælp af informationsbaserede procedurer. Deres hovedkontrast er dog, at mens DMAIC's model kan variere over en ganske lang periode, er kaizen-løb - med "spærreild", der foreslår noget hurtigt og seriøst - portrætteret af sin korte længde og hurtige udførelse.

Hvorfor bruge det?

Organisationer bruger kaizen rush-teknikken til vedvarende cyklusforbedring og bedre gruppeudførelse. Beslutningen om at anvende denne strategi blandt mange forskellige værktøjer kræver ikke kun massive, tilsyneladende og kvantificerbare forbedringer, men giver desuden de vitale fordele og fordele, der følger af den:

Brug enkle værktøjer og cyklusser

Styrk samarbejdet

Øge en høj grad af ansvar

Funktioner af hurtig retning

Udfører plausible akkorder

Sender hurtige resultater

Forskel mellem Kaizen og Kaizen Blitz

Kaizen er et japansk udtryk, der betyder "forbedre", "vedvarende forbedring" eller i det væsentlige "forbedring". Det er en forretningsteori, der generelt bruges til at videreudvikle interne opgaver og cyklusser. Spærreild er i mellemtiden et udtryk, der starter med det tyske ord "raid", og det indebærer et "uventet og bevidst angreb" eller "alvorlig undertrykkende magt."

Fra et forretningsmæssigt perspektiv kan kaizen-barrieren på denne måde karakteriseres som et utroligt intensiveret arbejde for at ødelægge en cyklus, nedbryde dens defekt og ændre den til at forme noget bedre. Men hvad er dens grundlæggende forskel fra kaizen-teknikken? Organisationer udfører konsekvent Kaizen i større skala, inkluderer et par forskellige standarder, og det kan ofte tage lidt tid for føreren at nå frem til et betydeligt resultat. Kaizen-spærringen er endnu en gang en hurtig "mulighed", der anvender ideen om Kaizen til at løse et bestemt problem, mens man på samme måde går efter den gyldne aftale på kort tid.

Faser

Kaizen-barrieren er opdelt i tre væsentlige faser, og hvert trin indeholder flere fremskridt og øvelser, der føjer til en frugtbar afslutning af opgaven. Bliv mere fortrolig med kaizen-spærringsfaserne og passagerne i akkompagnementet:

Præparation

Denne fase kaldes også pre-kaizen beredskab og varer regelmæssigt fra 14-45 dage. Planlægning er, hvor spørgsmål, der kræver øjeblikkelig overvejelse, udtrykkes og anerkendes. Ud over dette indeholder den også de ledsagende fremskridt:

Personlighed en støtte fra den bedste administration

Karakterisere omfanget af det problem /den cyklus, der skal behandles

Sæt eksperter - eksplicitte, kvantificerbare, opnåelige, vigtige, tidsbegrænsede - mål og sæt grænser

Vælg gruppeleder og kolleger og saml en samling

Indsamle oplysninger og få adgang til data, der er relevante for problemet

Kaizen-begivenhed

Som navnet antyder, er denne fase den virkelige kaizen-barriere, hvor betydelige kolleger og partnere akkumuleres for at fokusere og videreudvikle specifikke forretningsprocesser. Denne fase kan vare fra 2-10 dage generelt og forventer, at du udfører de ledsagende øvelser:

Træn folk på løbecyklussen

Se, hvad der sker

Genkend de vigtigste spørgsmål (versus mål)

Indsamle og opdele oplysninger (engagere kunder og partnere)

Fremme nyttige aftaler med stor effekt

Godkende og udføre aftaler

Oprette en eksamensplan

Ydeevne klar til ensartet udførelse

Indsend forslag og få godkendelse fra support (er) og forskellige partnere.

Implementering

Også fra tid til anden, der henvises til som opfølgning, er udførelse den løbende fase efter kaizen-lejligheden. Denne fase kan vare fra 0 til 60 dage afhængigt af virksomhedens kompleksitet. Dette omfatter de ledsagende øvelser:

Fortsæt med at give svarene til konstant forbedring

Koordinere cyklusændringer for partnere og alle arbejdere

Måling af resultater og virksomhedsfordele

Send projektresultater til support eller højere administration

Elementer af en vellykket Kaizen Blitz-implementering

Vurderingen af fremskridt kan ændre sig i lyset af det særlige problem og de anvendte strategier; en frugtbar kaizen rush-opgave bør dog generelt omfatte:

Det problem, der skal løses, bør være et problem, som alle de pågældende anser for grundlæggende, og som de skal fokusere på. Med disse linjer ville det være lettere at danne en entusiastisk kaizen rush-gruppe og installere alle i virksomheden.

Målrettet tilgang

Sikre en informationsbaseret strategi og undersøgelse for at gøre det muligt for koncernen at komme med meningsfulde aftaler. Brug et prioriteringsgitter til at hjælpe med at skelne mellem, hvilke gruppetanker der kan give de mest egnede og produktive resultater.

For en anden informationsbaseret tilgang kan du også bruge kritiske tænkningsværktøjer, såsom hoveddrivereksamen, 5 Whys og 5W1H eller en funktionel metode til anvendelse af Gemba Walk.

Tværfunktionelt team

Da hastværk er en kort rejse, bør strukturen i en gruppe med eksplicitte evner, der kan tage sig af deres virksomheder kompetent, mål, grænser og begrænsninger også være præcis, så alle enkeltpersoner ved, hvordan man tilføjer bedre for at komme til fælles mål.

Beslutningstageres deltagelse

Topledelsens aktive interesse øger koncernens tillidsniveau og forpligter dem til at tage skridt og simpelthen beslutte. Det konstante synspunkt direkte fra tøjet, mens lejligheden skubber på samme måde, garanterer et dynamisk resultat. Ud over de ovennævnte komponenter kan organisationer og grupper, der træner kaizen rush-teknikken, bruge innovationerne til at sikre en vedvarende forbedring af interaktionen. Hvordan jeg anvender Kaizen-tilgangen i mit daglige liv

Kapitel 9

Anvend kaizen i dit liv

Hvordan vi anvender Kaizen-tilgangen i vores daglige liv

Der er mange spekulationer om administration og hvordan man kan udvide effektivitet og udvikling. Næppe nogen ramme har en historie, der matcher den japanske idé om Kaizen, hvilket indebærer konstant forbedring. Fortolkning af udtryk i forskellige dialekter og kulturer er generelt problematisk. Efter mange år har jeg observeret, at kaizen er meget nuanceret og kompleks og overgår vores standardtanker om selvforbedring. Jeg fandt også ud af, at Kaizen-tilgangen simpelthen ikke er relevant for erhvervslivet og alle hverdagens problemer.

Se min oversigt over den mest kompetente metode til brug af Lean Kaizen og inkluder din gruppe i diskussionen eller fortsæt med at gennemgå nedenfor.

Oprindelse af Kaizen

"Kaizen" er en blanding af "kai" og "Harmony". De fleste vesterlændinge har kendt Harmony, en skole i buddhismen, der fremhæver nonchalance, omfavner aktuelle omstændigheder og eliminerer ikke-væsentlige ceremonier fra dyb praksis. "Kai" hentyder til forandring. Ved at sætte disse to vigtige ideer sammen brugte vi Harmony-standarder til at arbejde på ekspertise, interaktion eller bevægelse. Kaizen, forestillet i Japan efter den anden store krig, er hovedsageligt forbundet med organisationen af Toyota-køretøjer, kendt for sine høje krav og solide administrationsmetoder.

Kaizens måde at tænke på blev organiseret af skaberen og eksperten Masaaki Imai, der overvejede og indsamlede oplysninger om effektivitetsstandarder. Ud over at grundlægge en organisation, der beskæftiger sig med undersøgelsen af Kaizen, komponerede han en stærk bog om spørgsmålet med titlen "Kaizen: Japanese Soul of Progress", udgivet i 1985. Med Imais hjælp viste Kaizen sig at være bedre målrettet i Vesten, da mange organisationer havde brug for at følge Toyotas sag.

Måder, vi anvender Kaizen i vores daglige liv

Mens Kaizen er kendt som en teori om administration, er det betydeligt mere end det. Så vidt jeg kan se, skal du i første omgang se, at det langt fra er en uklar tanke om at arbejde på dig selv. Det er en utrolig kompleks og nuanceret metode til at kontrollere livet.

For at fjerne en model fra de mere end ti standarder finder jeg det særligt klogt at spørge "Hvorfor?" ved forskellige lejligheder for at nå frem til grundlaget for et problem. Antag, at jeg overvejer at starte en anden spiserutine, jeg har læst om. Jeg vil spørge mig selv: "Hvorfor?" Svaret kunne være: "Så jeg kan miste 15 pund." Så vil jeg på det tidspunkt spørge: "Hvorfor vil jeg gerne tabe denne vægt?" Svaret kan være: "Så jeg kan mærke og kontrollere godt." Fra nu af kan det virke meningsløst at blive ved med at spørge hvorfor; Der er dog den samme forskel i begge tilfælde. Jeg kunne så forstå noget, for eksempel: "Så jeg kan have mere energi til at opnå mere og ideelt set forbinde mig med mere tid til at investere tid med mine kære."

På den anden side kunne jeg konstatere, at svaret er mindre overbevisende. Forudsat at min vigtigste inspiration til at starte spiserutinen er, at andre på arbejdspladsen får det til at ske, kan jeg vælge at holde op. At stille dig selv spørgsmål hjælper dig med at forstå dine inspirationer. Du behøver muligvis ikke at spørge "Hvorfor?" flere gange. Du kan dog ofte lære noget ved at spørge ham ikke mindre end et par stykker i absolut forstand.

Her er en del af de dele af mit liv, som jeg opdagede kan arbejdes efter disse standarder.

Forbindelser

Både hyggelige forbindelser og regelmæssig kommunikation kan udarbejdes på mange måder. Overvej sondringen mellem at afslutte et skænderi med en uhøflig gestus i stedet for at se den anden person i øjnene, smile og give hånd. At få en vis margin til at ringe til din livspartner, når du arbejder eller er væk for at arbejde, er en metode til at vise, at du mediterer på den person (min bedre halvdel og jeg taler ofte). Små kontraster i sproget ændrer også den måde, andre føler og reagerer på, uanset om du taler med nogen ansigt til ansigt, på telefonen eller på nettet.

Tidsstyring

At håndtere din tid er lige så vigtig i dit liv som det er i din virksomhed. Enkeltpersoner forestiller sig ofte, at de ville opnå meget mere ved at tage ekstra timer. Kaizen hjalp mig under alle omstændigheder med at vurdere værdien af små blokke af tid. For eksempel, hvis jeg står op 15 minutter tidligere end forventet, kan jeg tilpasse mig en kort styrkeøvelse i den første del af dagen. At se et mindre ubekymret tv-show på en halv time giver mig konsekvent 3,5 ekstra lange perioder hver uge, som jeg kan bruge alle de mest sandsynlige anvendelser på.

Motion og fitness

Du kan ofte opnå bedre resultater ved at implementere mindre forbedringer. En lille ændring i den måde, du holder hockeystaven på, kan påvirke resultaterne betydeligt. Jeg ved, at marginal ændring af strukturen, mens du løfter byrder, kan skelne mellem at forblive mere jordet og beskadige ryggen. Jeg prøvede.

Den virkelige nøgle til forståelse og anvendelse af Kaizen er at fokusere på muligheden for konstant forbedring. I den avancerede vestlige verden er vi mere vant til at tænke på store ændringer i omfanget. Det bør ikke komme som nogen overraskelse, at japanerne har tænkt på en mere diskret metode, der værdsætter mere beskedne og konstante forskelle. Mens man overvejer målet om konstant forbedring, er det også nyttigt at erhverve ord fra målinger og matematik, hvor diagrammer kan være uophørlige eller diskrete. Hvis noget er diskret, kan det tælles.

Derudover er der ingen kvantificerbare fokus til at vurdere, hvornår det er konstant. En simpel metode til at skitsere dette er at skelne et mekanisk ur eller ur fra et dateret ur med hænder. Computeriserede tickers måler diskret tid. Det løber fra 10:00 til 10:01 osv. Et urs hænder stopper dog ikke på bestemte steder, men bevæger sig sammenhængende.

Det er spændende at bemærke, at diskrete tal er fiktion eller forvrængning. Der er et uendeligt antal dele i midten blandt de hele. Et eksempel på dette kan findes i en dykkerkonkurrence, hvor tiden estimeres i millisekunder. Vi har ikke brug for en sådan præcision hver dag, så vi holder os til sekunder og minutter. Tiden, hvorom alting er, bevæger sig virkelig i et uafbrudt flow. På samme måde, når vi er i et fantasifuldt perspektiv eller "tager vejen med mindst modstand", er vi mere modtagelige for udviklingen af tilstedeværelse og mindre fokuserede på diskrete klassifikationer og minutter.

Konklusion

Uanset om din virksomhed er en opstart eller en global virksomhed, er det vigtigt at forstå vigtigheden af løbende forbedringer for Lean- og Deft-teknikker. Brug af det i begrænset skala kan hjælpe din gruppe med at arbejde endnu mere succesfuldt. Som en central bekymring kan det at gøre det i et betydeligt omfang hjælpe din virksomhed med at forblive i lyset af modstand. De bedste organisationer er konstant utilfredse med normen. De har løbende fokus på efterfølgende udvikling og en højere grad af eksekvering. De kender vigtigheden af løbende forbedringer i alle aspekter af virksomheden.

Uanset om tingene fungerer godt eller ej, kan folk med produktive tilknytninger forbedres for at få bedre ydeevne. De sporer tilgange til at bevæge sig mod omstændighederne med et fordomsfrit perspektiv enhver mulighed for at være mere gennemførlig og nyttig. De bedste foreninger udvikler sig konstant og udvikler bedre måder at håndtere transmission i topkvalitet til deres kunder. Denne form for direkte sker dog ikke kun. Det er klart, at eksplicitte mennesker har et karakteristisk drev til at fortsætte med at styre deres færdigheder og de resultater, de producerer på arbejdspladsen. Under alle omstændigheder kan enkeltpersoner lide at forblive i deres typiske områder af fællesskab uden nogensinde at undersøge tingenes tilstand. Foreninger bør formidle værdien og betydningen af konstant forbedring og integrere den i alle dele af virksomheden som en begrænset procedure. De bør sætte deres medarbejdere op til at fokusere på interne cyklusser og gøre dem mere overbevisende. De bør fokusere på deres sejre og skuffelser over for deres kunder og handle i lyset af disse lærdomme for at udrydde forbrugerloyalitet. Dette er en væsentlig komponent i de fleste kørselsorganisationer i den nuværende hurtige og alvorlige scene.

Kort efter den anden store krig besøgte amerikanske bilchefer Toyotas fabrikker i Japan for at se, hvordan organisationen havde evnen til at levere utallige køretøjer af denne type så hurtigt. De fandt ud af, at raffineret ræsonnement styrede producentens udvikling, hvilket skubbede arbejdere til at ændre interaktion, metoder og sig selv for at gøre tingene bedre. I stedet for at afskedige repræsentanter for fejl opfordrede Toyota medarbejderne til at stoppe med at skabe, når et problem er løst, eller der gives ideer til bestyrelsen om, hvordan man reducerer affald og videreudvikler produktiviteten. Som følge heraf led Toyotas produktionsfaciliteter billigere fejl og nød godt af konstant forbedring. Kaizens måde at tænke på er, hvad amerikanske ledere bragte hjem og har siden ændret adskillige virksomheder, fra medicinske tjenester til forbedret programmering. Kaizen-tilgangen afhænger af troen på, at en gradvis og non-stop forbedring udgør en betydelig ændring efter nogen tid. I det øjeblik grupper eller sammenkomster udfører Kaizen, undviger de følelser, kvaler og glider, der ofte forbliver uadskillelige med betydelige fremskridt. Det japanske ord kaizen skal betyde "stor forandring". Mens Kaizen normalt anvendes til aktuelle cyklusser såsom netværket af butikker og koordinerede faktorer, er det også værdifuldt med hensyn til individuel effektivitet og tilbøjelighed til at arbejde. Betragt det som en kontrast til enhver "træk alle stop ud" ved at sige overbevisende, som du fandt i dit nyhedsfeed. Kaizen handler mindre om stress og jag og arbejde og mere om smart forandring, tolerance over for skuffelse og anvendelse af læring til at fungere bedre.

Kaizen er blevet et vigtigt stykke organisationer, fordi det generelt vil fokusere på de rigtige komponenter, der kræver forandring. Det plager forretningsmuligheder som at lave en Kaizen-kultur, ændre funktionel konstruktion, tilbyde hjælp og spotlight på den rigtige type udførelse. Du bruger også Kaizen-dåse til at lave højtbegavede specialister, hjælpe dig med at normalisere provisioner, lave hurtige cyklusser og reducere antallet af fejl, der opstår, og det er kun toppen af isbjerget. Uanset hvilken type virksomhed eller liv du leder, er der generelt plads til udvikling, og det er her, du vil bruge Kaizen til at drage fordel af det. Sørg for din gruppes ekstraordinære succes ved at gøre hver af dine repræsentanter ansvarlige for at opretholde kaizen-standarder på arbejdspladsen. Fra skrivning har man en tendens til at antage, at ekstraordinær skrivning er tilgængelig på Kaizen-ræsonnement, som giver et bredt perspektiv på tidligere praksis og udforsker afsluttet rundt om i verden. Kaizen er en almindeligt anerkendt måde at tænke på i samling af virksomheder. Derudover forventes mere efterforskningsarbejde på dette område, men forfattere mener, at Kaizen-ræsonnement kan anvendes på forskellige regioner som forretning, administration, handel osv. Som følge heraf er den utrolige bredde af udforskning tilgængelig for nye forskere på dette område. Derefter er der behov for yderligere undersøgelse, som yderligere kan udvikle bevidsthedssyn, da disse variabler er usædvanligt vigtige for fremme af Kaizen-ræsonnement i mange af forsamlingsinitiativerne rundt om i verden. Konsekvenserne af forskellige undersøgelser viste, at Kaizen er værdsat som en effektiv procedure til videreudvikling af udførelse og komponenter til at arbejde på foreningen og arbejdspladsen. Det har vist sig at være et aktivt værktøj til at ændre arbejdskultur, arbejdsteknikker og arbejdsintuition. Ifølge fremskridtssynspunktet forestilles Kaizen som samlingen af en lille udvikling af konstant interaktion, der almindeligvis anerkendes af arbejdere, arbejdsgrupper og deres ledere. Kaizens gennemsnitlige virkninger og anvendelighed har forseglet organisationernes parathed til at genkende det og involvere det i deres aktivitet. Kaizen er blevet næsten en verdensomspændende bevægelse af globale organisationer og deres repræsentanter. Han blev berømt inden for samling og service. For forretningspraksis, der tilbyder organisationer ekstraordinære åbne døre til løbende forbedringer og forskellige rødbeder fra udførelsen af Kaizen, er det overraskende, at resultaterne på trods af den høje grad af brug af denne enkle strategi og procedure og dens fælles karakter af stort set alle landmasser ikke er behagelige eller endda så betydningsfulde. Forskningen fandt forskellige praktiske vanskeligheder, som organisationer står over for i Kaizen-muligheden. Konsekvenserne af oversigten har ført til utallige initiativer praktisk talt over hele fastlandet, hvilket viser en række faktorer, der er bestemt eller negativt gamle hver periode af Kaizen bevæger sig ud over Japan. De mest anerkendte elementer er administrativt ansvar, hierarkisk kultur, repræsentative drev, ledelsesgruppeerfaring, tilskud, anerkendelse, arbejderforberedelse og nogle unikke kegler. Disse variabler viser vanskeligheder i denne type udførelse og støtte efter nogen tid på den sociale arbejdsplads i forskellige nationer. Kraften og betydningen af disse elementer er fremmed.

På denne måde er et Kaizen-træk farligt ud over Japans grænser. Uanset antallet og den unikke by af variabler, der påvirker udviklingen af Kaizens tilpasningsevne, er der blevet omfavnet en forenet opførsel, at administrativt ansvar er vejen til en frugtbar udførelse af Kaizen. Denne komponent påvirker eftertrykkeligt ekspertudviklingen af arbejdstagere, rødbeder og steder for organisationen (Vento et al. 2016, 707). På denne måde kan man sige, at vejledere påtager sig en afgørende rolle i den faktiske kaizen-udførelse, især i arrangementfasen. De repræsentanter, der forbereder sig, skal organiseres nok til at realisere de resultater, som Kaizen tilbyder. Manglen på korrekt forberedelse og fremme af eksperter af repræsentanter påvirker de igangværende forbedringscyklusser negativt. På samme måde bør betydningen af hierarkisk kultur og ikke-olierealisering samt en tilfredsstillende tildelingsramme tilføjes som ikke mindre betydningsfulde variabler. Fra en del af planeten til en anden kan organisationer anvende Kaizen-teknikken og få en enorm fordel og en høj grad af funktionel størrelse. Det væsentlige for en passende anvendelse af Kaizen er dens revaluering, hvilket indebærer variation til nabokulturen i det land, som den flyttes til på grund af inkonsekvensen mellem japansk kultur og værtslandets offentlige kultur. Det kan meget vel være slut herfra, at der ikke er nogen altomfattende model for Kaizen-flytningen

CPSIA information can be obtained
at www.ICGtesting.com
Printed in the USA
BVHW030841271022
650455BV00012B/250